北京交通大学文化建设研究成果系列丛书

知行的意蕴与价值

——北京交通大学校训研究

孔德立 张安梅 李世珍 周 耿 袁 芳 著

北京交通大学出版社
·北京·

内 容 简 介

本书从校训建设的意义谈起，梳理了中国大学校训的起源与发展，分析了当前大学校训建设取得的进展及存在的问题，梳理了古代知行观的演变，揭示了传统知行观的重要内涵，以及知行观对中华传统文化的深刻影响。本书同时讲述了北京交通大学校训的来源和变迁史，以及知行校训对北京交通大学发展的意义和影响。

本书可作为教育文化界工作者的参考书。

图书在版编目（CIP）数据

知行的意蕴与价值：北京交通大学校训研究/孔德立等著. —北京：北京交通大学出版社，2016.9

（北京交通大学文化建设研究成果系列丛书）

ISBN 978-7-5121-3006-7

Ⅰ.①知… Ⅱ.①孔… Ⅲ.①高等学校-校园文化-研究-中国 Ⅳ.①G647

中国版本图书馆 CIP 数据核字（2016）第 198531 号

知行的意蕴与价值——北京交通大学校训研究

ZHIXING DE YIYUN YU JIAZHI——BEIJING JIAOTONG DAXUE XIAOXUN YANJIU

责任编辑：叶　霖

出版发行：北京交通大学出版社　　电话：010-51686414　　http://www.bjtup.com.cn

地　　址：北京市海淀区高梁桥斜街 44 号　　邮编：100044

印 刷 者：北京艺堂印刷有限公司

经　　销：全国新华书店

开　　本：170 mm×235 mm　　印张：9　　字数：120 千字

版　　次：2016 年 9 月第 1 版　　2016 年 9 月第 1 次印刷

书　　号：ISBN 978-7-5121-3006-7/G・1096

定　　价：32.00 元

本书如有质量问题，请向北京交通大学出版社质监组反映。对您的意见和批评，我们表示欢迎和感谢。

投诉电话：010-51686043，51686008；传真：010-62225406；E-mail：press@bjtu.edu.cn。

“北京交通大学文化建设研究成果系列丛书”
编　委　会

位于北京交通大学思源楼北面的“知行”校训碑

目录

Contents

第一章　中国大学校训的源流与反思

学校作为培养人才的场所，其基础设施、师资力量、学科建设固然是衡量办学水平的基本要件，但只有这些是远远不够的，要想培养出德才兼备、科学与人文精神集于一身的优秀人才，就必须特别重视校园文化的建设。

校训、校风、校徽、校歌、校赋等体现了一所学校的文化底蕴与精神风貌，是衡量一所学校文化软实力的重要标准。校训作为校园精神的凝练表达，更能代表一所学校的校园文化与精神。关于校训的定义，学术界与教育界的说法尚未统一，笔者赞同以下说法："校训，是指学校确定的对全体师生员工具有指向和激励意义的、体现学校办学理念和价值追求的高度凝练的词语或名言。就校训本质而言，它是学校历史与传统文化的积淀和传承，是校园精神与育人理念的航标和旗帜，是价值观念与行为规范的凝练和概括，是大学宗旨与社会文明的彰显与体现。"①

中国现代意义上的大学校训与现代大学制度的建立一样，不是从一开始就有的，而是从西方国家移植过来的。但因其文化土壤仍为中国特色，所以，在大学校训确立与发展过程中，亦有中国文化的特色。欲了解今日大学校训之由来与问题，必先从古代的教育说起。

一、中国古代"校训"的起源

《辞海》中有"校训"一词："学校为训育上之便利，选若干德目制成

① 韩延明，徐愫芬. 大学校训论析［M］. 北京：人民教育出版社，2013：16.

匾额，悬之校中公见之地，是为校训，其目的在使个人随时注意而实践之。”《现代汉语词典》第6版解释“校训”为：“学校规定的对师生有指导意义的词语。”在古代文献中，没有独立的“校训”一词，一般表述为“学校训导”。在《说文解字》中有“训，说教也”。《古代汉语词典》释“训”为“法则、教育”，一般组成“训辞”“训导”“训典”“训诂”“训诱”等词语。《明史·志第四十六·选举二》记载：“国子生及府、州、县学生员之学成者，儒士之未仕者，官之未入流者，皆由有司申举性资敦厚、文行可称者应之。其学校训导专教生徒……”由此可见，“学校训导”是对有培养前途的学生、候补官员进行训导与教育，使之进一步符合国家需要的教育行为。

“校训”发源自先秦时期，当时虽然尚未出现“校训”一词，但其表述教育主旨之内容已经出现。《孟子·滕文公上》记载：“夏曰校，殷曰序，周曰庠。学则三代共之，皆所以明人伦也。”中国早在夏代就出现了学校。夏、商、周三代学校的名称虽然不同，但其人才培养目标却是一致的，即“明人伦”。朱熹在《大学章句序》中说：“人生八岁，则自王公以下，至于庶人之子弟，皆入小学，而教之以洒扫、应对、进退之节，礼乐、射御、书数之文；及其十有五年，则天子之元子、众子，以至公、卿、大夫、元士之适子，与凡民之俊秀，皆入大学，与教之以穷理、正心、修己、治人之道。此又学校之教、大小之节所以分也。”可见，古代学校分为小学与大学两个阶段，所学内容不同，对学生的规范与要求也不同。“穷理、正心、修己、治人”的大学之道，既是大学的培养内容，又是国家对大学生的训导与规范。

孔子是中国第一位伟大的教育家。他有教无类、兴办私学、广收门徒。《史记·孔子世家》记载：“（孔子）弟子三千，贤者七十二。”以孔子为核心的儒家集团为中国文化的传承做出了杰出贡献。那么，孔子作为伟大的教育家，有没有提出“校训”？《论语》二十篇中哪些句子可以作为孔子学堂的“校训”？这个问题显然不好直接回答，但我们从孔子教弟子以仁、礼为主要内容的修己安人之道来看，孔子的训导以修身为基础，以安人为实现人生价值与社会价值的途径。可以说，通过教育与个人的努力，使自己成长为一个道德完善的人，一个行为正直的人，一个具有高度责任感与社会担当精神的人，这就是孔子教育思想中“一以贯之”的主旨。这个思想主旨在西汉时期儒家思想成为国家统治意识形态之后，自然而然地也成为古代教育的指导思想。因此，我们可以说，孔子学堂的校训可以概括为“修己安人”。

在科举制时代，国家教育以儒学为主要内容，其训导思想体现了浓重的儒家思想特色。唐代末期，读书人为躲避战乱等，选择到山林等清净地读书，后发展为聚众收徒讲学，常以书院命名读书讲学之地，一种新的教育形式——书院逐渐发展起来。书院融文化传承与人才培养于一体，在宋代作为一种新的教育制度确立下来。到了南宋时期，随着宋代理学思想的推动，民间讲学之风大兴，书院也逐渐兴盛起来。宋代出现了一批著名的书院，如白鹿洞书院、岳麓书院、嵩阳书院、应天书院。这四个书院合称为“中国四大书院”。

伴随着书院的兴盛，正式的学规也开始出现。学术界一般认为，《白鹿洞书院揭示》即为中国最早的学规。白鹿洞书院位于江西庐山五老峰南麓，创始人为南唐时期的李渤。李渤养了一只白鹿，终日与之相随，李渤因此得一雅号“白鹿先生”。后来李渤就任江州（今江西九江）刺史，于庐山五老峰南麓修建亭台楼阁，疏引山泉，种植花木。由于这里山峰回合，形如一洞，故取名为白鹿洞。后因战乱频繁，书院活动被迫中断。公元1179年（南宋淳熙六年），理学大师朱熹知南康军，白鹿洞书院正属于朱熹管辖范围。朱熹本来对民间儒学的推动有极大的热情，他视察白鹿洞书院时，见书院破败，草木凋零，便指示官员修复书院，并亲任洞主。书院复建完成后，在行开学礼之前，朱熹提取“圣贤教人为学之大端，揭示于门楣之间，作为院中诸君共同遵守的学规”，从而诞生了《白鹿洞书院揭示》，也就是著名的《白鹿洞书院学规》。

江西九江庐山五老峰南麓的白鹿洞书院正门

《白鹿洞书院学规》全文200余字，现录如下：

父子有亲。君臣有义。夫妇有别。长幼有序。朋友有信。

右五教之目。尧舜使契为司徒，敬敷五教，即此是也。学者学此而已。而其所以学之之序，亦有五焉，其别如左：

博学之，审问之，谨思之，明辨之，笃行之。

右为学之序。学、问、思、辨四者，所以穷理也。若夫笃行之事，则自修身以至于处事、接物，亦各有要，其别如左：

言忠信，行笃敬。惩忿窒欲，迁善改过。

右修身之要。

正其义不谋其利，明其道不计其功。

右处事之要。

己所不欲，勿施于人。行有不得，反求诸己。

右接物之要。

《白鹿洞书院学规》分为五个部分：五教之目、为学之序、修身之要、处事之要、接物之要。其首要任务是要学生懂得“五教之目”：父子有亲。

君臣有义。夫妇有别。长幼有序。朋友有信。其次是知晓为学之序，“博学之，审问之，谨思之，明辨之，笃行之”。最后是修身、处事、接物之要旨。不难看出，学规浸润着丰厚的儒家思想，也可以说是儒学核心价值的体现。

“五教之目”出自《孟子》，后来董仲舒把它表述为“五伦”。“五伦”对应“仁义礼智信”之“五常”。五伦是中国人最基本的五种人际关系，五常是中国人最基本的五种道德。从《白鹿洞书院学规》可见，宋代的书院教育把培养有道德的人放在教育的首要位置，用今天的话来说，就是教育要实现“立德树人”的根本任务。

朱熹制定的《白鹿洞书院学规》，其教育宗旨、教育内容、教育目的、教育方法，对于推动当时的教育具有重要的指导意义，加之朱熹的影响力，《白鹿洞书院学规》很快被其他书院所效仿，一时成为南宋时期书院统一的学规。公元 1246 年（南宋淳祐六年），宋理宗下诏，把《白鹿洞书院学规》颁布于全国各州府县，使之正式成为全国书院的学规。此后，元明清三代都把此学规视为标准，明代大思想家王阳明更是对它给予了高度评价：“夫为学之方，白鹿之规尽矣。”

有学者据此认为，中国古代的校训以《白鹿洞书院学规》为开端。湖南大学岳麓书院邓洪波先生在其《中国书院学规》中说：“一院（白鹿洞书院）之‘揭示’，遂成天下共遵之学规。而随着中国书院制度之推广，它还传至朝鲜、日本，不仅当年奉为院规、校训，至今尚有高揭吟诵以警学子者，其影响既深且远。”亦有学者指出，学规虽比不上现代校训精练、含蓄，但这并不影响其作用。学规、学则就是校训的雏形。换句话说，校训是由学规发展而来的。数百年发展变迁，万变不离其宗，因其历史的延绵源远流长。[①]《白鹿洞书院学规》是我国书院发展史上一个纲领性的学规，不仅对当时及以后的书院教育，而且对官学教育以及中国周边国家的教育都产

① 梁云福，向绍兰. 中华校训大观［M］. 北京：世界知识出版社，2014：6.

生过重大影响。

但是，也有学者提出了不同看法，认为《白鹿洞书院学规》“和现在校训起码在字数形式上就存在很大差别（现在校训有一言一字、一言二字、二言八字、四言八字等形式），同时也有悖于校训的简明定义（校训是一种格言、箴言和座右铭），所以不能直接把它看成是校训，只能是一种办学理念、教育宗旨或办学目标，是校训的主导思想，是校训取材的‘总库’。以后的校训内容多来源于此揭示。”[①]上述观点虽然反对把《白鹿洞书院学规》直接作为校训来看待，但亦认可《白鹿洞书院学规》是校训的来源。

如果说《白鹿洞书院学规》字数太长，不符合现代学校的校训表述方式，那么，千年学府岳麓书院的院训“忠孝廉节”可以说与近现代以来大学的校训在表述方式上就没有多大区别了。公元 976 年（北宋开宝九年），潭州太守朱洞创立岳麓书院，公元 1167 年（南宋乾道三年），朱熹来岳麓书院访问，与山长（岳麓书院院长）张栻论学，开书院会讲之先河。朱熹手书的“忠孝廉节”四个大字，亦成为后来岳麓书院代代相传的院训。湖南大学岳麓书院院长朱汉民先生在其所著的《岳麓书院的历史与传统》一书中提到：“1932 年，胡庶华担任校长时，将岳麓书院的石刻院训‘忠孝廉节’和‘整齐严肃’列为湖南大学校训。”因此，可以认为，岳麓书院的“忠孝廉节”四字院训是中国古代成熟的校训。

在岳麓书院院训影响下，后世书院纷纷确立了自己的院训。明代东林党讲学的东林书院，其院训蜚声中外：“风声雨声读书声，声声入耳；家事国事天下事，事事关心。”这副对联既体现了书院读书为本的特征，又显示了东林党人关心国家大事的社会责任感。此外，江苏南京尊经书院的“立德立言立功士先立志，有猷有为有守学必有师”，湖北长阳书院的“教化行

① 王彩霞. 试论中国近代大学校训的起源［J］. 高教探索，2006（2）.

岳麓书院

而风俗美，师道立即善人多”，江西有教书院的“志于道据于德依于仁而后游于艺；修其身齐其家治其国必先正其心”，贵州安顺永宁维风书院的“格致诚正修齐知所先则近道，孝悌谨信亲爱行有余以学文”。这些书院的院训其实就是当时的校训。他们对仗工整，内涵丰富，深刻影响了我国现代大学校训的确立与发展。

二、中国近现大学教育与大学校训的变迁

中国大学的近代化与中国社会的近代化一样，是在西方文化的强力干预下被迫做出的改良运动。因此，近代化大学的校训不免带有明显的西方文化印记，又因其传统文化根深蒂固，故而保留了浓厚的传统伦理道德特色。著名教育学家梅贻琦先生论及我国现代大学教育的源头时指出：“今日中国的大学教育，溯其源流，实自西洋移植而来，故制度为一事，精神又为一事。”这句话，正体现了我国近现代大学创办与发展时经历的痛苦磨难之实情。

中国传统教育中的大学以“明明德”“新民”“止于至善”的“三纲领”为目的。从西方文化移植过来的大学以“科学”与“民主”为旗帜。由于中国近代高等教育并不是由中国传统大学逐步发展而来，而是以西方大学为蓝本，辅之以传统文化的特征。所以，中国现代大学带有更多的西方教育色彩。香港中文大学金耀基先生认为：“中国的现代大学是‘横向的

移植'，而不是'纵向的继承'。"[①]因此，从本质上说，中国大学的校训从一开始就不免带有西方文化的色彩。

西方文化在中国的传播最先是通过传教士的传教活动进行的。自明代以来，欧洲来的传教士首先通过西洋的器物让中国人感受到西方玩意的新鲜，然后开始以编撰外语词典、开办学校、设立教堂等活动进行西方精神文化的传播。但西方文化输入中国的过程并非一帆风顺，其间不断受到中国文化的抵制与排斥。直到 1840 年，英国以鸦片战争的方式打开了中国的国门，也打开了西方文化大规模进入中国的大门。从此以后，西方文化就以胜利者的姿态在中国大肆地传播。中国人面对从未有过的失败，开始反思失败的原因。最初，中国人认为是武器装备落后，其次又认为是经济落后，再次意识到是制度落后，最后才意识到是思想文化落后。到了这个阶段，西方的大学教育就正式以先进文化的姿态立住了脚跟。

西方国家在中国创办的教会大学始于 19 世纪末 20 世纪初，这些学校从一开始就有明确的校训。例如，1901 年美国监理公会在苏州创办的东吴大学，其校训是"Unto a Full Grown Man"，中文意思是"为社会造就完美的人格"或"法古今完人"。[②]1905 年，上海的圣约翰书院更名为圣约翰大学，校长卜舫济提出，以"Light and Truth"（"光与真理"）为校训。他说："本校以为德重于学，此基督教之旨，必当发挥而光大之。"[③]在东吴大学与圣约翰大学校训的影响下，教会大学纷纷确立了自己的校训。所以，我们可以把东吴大学与圣约翰大学的校训作为现代中国大学校训的直接开端。

燕京大学是基督新教在北京创办的第一所教会大学，1919 年正式成立，司徒雷登任首位校长。其校训为"Freedom through Truth for Service"，中文意为"因真理得自由以服务"。金陵大学作为南京的第一所教会大学，

---

① 王彩霞. 二十世纪中国学校校训研究［D］. 上海：华东师范大学，2007：30.

② 李羣. 我国大学校训的历史演变与发展趋势［J］. 高等教育研究，2005（1）.

③ 徐以骅. 教育与宗教：作为传教媒介的圣约翰大学［M］. 珠海：珠海出版社，1999：16.

在中国高等教育史上具有重要地位。刚成立时，该校只有办学宗旨，并无明确的校训，1942 年，其确立校训为“真、诚、勤、仁”，后改为“诚、真、勤、仁”。

从以上教会大学的校训来看，其内容既有西方文化内涵，又有中国文化的传统。在办学过程中，教会大学也不断吸收中国传统文化的成分，以更好地实现其在中国生存与发展的需要。教会大学的创办虽为传教之目的，但在客观上也推动了中国高等教育的发展，为中国自主创办大学提供了借鉴。

民国时期，民族独立与文化自觉意识不断提升。1915 年，北洋政府颁布的《教育纲要》明确提出：“明示教育趋向，使人人知求学系造就本身能力，用以开发社会无穷事业，非仅供官吏一部分之用。凡从前入学专以干禄之恶习，切宜破除，以养成国民独立之精神。各学校均用此著为校训。”[①]这可能是在中国教育史上有史以来第一次正式提出学校的校训建设问题。从这份民国时期的教育文件上可以看出，中国的教育变革已经从以往的“学而优则仕”转为培养每一个人的精神与能力，从此拉开了中国教育近代化的大幕。

南京国民政府时期，试图在全国所有学校使用共同的校训“忠孝、仁爱、信义、和平”。1939 年 5 月，教育部规定，全国大学使用共同的校训“礼、义、廉、耻”。国民政府的这一做法在当时起到了推动校训建设的作用，但同质化与模式化的校训无疑是对教育个性化发展的限制，也不可避免地湮没了各个学校的办学特色。事情的发展往往不是预先料想的那样，尽管政府有严格的命令，但在实际中，很多学校并未遵从，反而催生了各种各样的新校训。清华大学的校训“自强不息，厚德载物”，南洋公学的校训“勤俭敬信”，北洋大学的校训“实事求是”，南开大学的校训“允公

① 熊明安. 中华民国教育史［M］. 重庆：重庆出版社，1990：9.

允能，日新月异”，西南联合大学的校训“刚毅坚卓”，浙江大学的校训“求是”等，这些新校训的出现是当时教育进步的表现，有的校训至今被沿用。

三、新中国成立以来的大学校训建设

在抗日战争的困难岁月里，中国共产党为培养抗日斗争的人才，在延安开办了战时教育。相比传统教育与国民政府的教育来说，中国共产党领导的革命学校与新式学校的校训显得特别有活力。比如，抗日军政大学的校训“团结、紧张、严肃、活泼”，陕北公学的校训“忠诚、团结、紧张、活泼”，中国女子大学的校训“紧张的学习、艰苦的生活、高尚的道德、互助的作风”等，这些校训简明扼要，容易记住，而且特别催人奋进。当时，全国的有志青年纷纷到陕北投身革命，进入革命大学学习。在这些校训的激励下，他们为民族独立与新中国的建立，奉献出自己无悔的青春。

新中国成立以后，我国大学校训建设与高等教育改革、发展相辅相成。南京理工大学李翚先生认为，校训的发展大致上可分为三个阶段：批判、动乱与迷失自我阶段；自我意识苏醒阶段；文化自觉阶段。韩延明、徐愫芬又在三个阶段基础上增加了第四个阶段：繁荣阶段。①

1949—1977 年为批判、动乱与迷失自我阶段。这个阶段的大学教育可谓一波三折。新中国成立之初，国家实行“一边倒”的外交策略，全面倒向苏联。经济建设如此，文化教育也是如此，甚至对苏联教条化的马克思主义也照搬过来，大学的教学计划、教材、教学大纲也苏联化。根据苏联高等教育的特点，中国在 1952 年实行了全国院校、院系的大调整，打破原有的大学地域分布、院系格局，组建新的大学与院系。经过这次调整，建立了多所行业化的高校，培养了国家急缺的各项专门人才，改善了高校的

① 韩延明，徐愫芬. 大学校训论析［M］. 北京：人民教育出版社，2013：39-50.

分布情况。但我们也要看到，调整也带来较为严重的后果，使得原有的综合性大学变为了单一功能的工科大学、农业大学等。

至于校训，改变就更大了。原来高校的校训既有传统文化特色，又有西方新式的思想。但在一切以政治挂帅与无产阶级专政口号下，一切具有传统伦理道德的校训均被视为糟粕与毒瘤，必除之而后快。

以东吴大学为例，其在新中国成立之初的校训“养天地正气，法古今完人”真可谓修身立德的好校训。但是，在有些人看来，“法古今完人”不正是鼓动复辟吗？1952 年，东吴大学的校训被用水泥封住。1998 年，继承东吴大学遗产的苏州大学才打开尘封已久的封泥，使校训重见天日。那个时期，全国大学的校训几乎都离不开“团结、勤奋、刻苦、拼搏、文明、求实、礼貌、严肃、爱国”等富有战斗性、革命性、政治性的口号。当激励做人的校训被封掉的时候，同质化的校训就充斥于全国所有院校，由此带来的教育停滞甚至倒退也就不可避免了。

1978—1989 年是自我意识苏醒阶段。“文化大革命”结束之后，我国各项事业发展逐步恢复正常轨道。1983 年 10 月，邓小平同志为北京景山学校题词“教育要面向现代化，面向世界，面向未来”。这就是著名的“三个面向”教育方针。但由于整个国家教育体制还是延续了以往计划经济时代的模式，从招生考试到就业分配，无不在计划之中。所以，该时期的高等教育发展还处在改革的准备阶段。其校训也以“团结”“勤奋”“求实”“创新”“严谨”等词语为主，仍然缺乏主体意识与人文精神。校训建设问题并没有多少改观。

1990—1999 年为文化自觉阶段。这个阶段，中国经济体制改革进一步深化，开始向市场经济体制转变。与此同时，高等教育管理体制改革也逐渐推开，进一步扩大高校办学自主权，充分发挥学校办学的主体性。高校的办学积极性被调动起来后，校园文化建设也显示出生机与活力。许多大学开始制定富有特色的校训，推进校园文化建设。

有的学校开始恢复已经停用的富有传统文化内涵的校训。中山大学于1994年恢复使用孙中山先生题写的“博学、审问、慎思、明辨、笃行”的校训。暨南大学恢复“忠信笃敬”的校训。有的学校结合自身特色，概括出新的校训。例如，1997年，北京师范大学建校95周年之际，著名书法家启功先生题写了“学为人师，行为世范”的校训，高度凝练了师范的意义。1998年，云南大学提出“立足边疆，服务云南，提升水平，办出特色”的办学思路，秉承“会泽百家、至公天下”的云大精神，践行“自尊、致知、正义、力行”的校训，云南大学一系列校园文化建设组合拳，被教育界视为中国高等教育史上大学校园文化建设的标志性事件。

2000年之后为校训文化繁荣阶段。进入21世纪，教育管理部门越来越意识到学校文化建设的重要性。2000年7月7日，时任国务院副总理的李岚清在第九次全国高等学校党的建设工作会议上指出，要“在师生员工中强化以校训为核心的校园精神”。2002年9月1日，时任教育部副部长的袁贵仁在大学文化研究与发展中心成立大会上指出：“所谓校训，是一个大学对其文化传统、文化精神的理性抽象和认同。不同的传统、精神，不同的校训、校风，是大学展示的‘文化名片’，是大学绵延的‘文化基因’。”在教育行政部门主管领导的指示下，高校校训建设呈现出繁荣的局面。

据统计，2000—2004年，至少有48所高校明确了校训或者提出了新校训，另有51所高校开始公开征集校训或新校训①。其中，有些学校以校庆为契机，确立或推出了新校训，如《中国青年报》报道称：“南京大学百年校庆前夕，在广泛征求师生意见的基础上，决定采用‘诚朴雄伟，励学敦行’作为新校训”。2002年1月，西北大学百年校庆筹委会研究决定，沿用1938年西北联合大学公布的“公诚勤朴”校训为西北大学校训。

---

① 李犁. 我国大学校训的历史演变与发展趋势［J］. 高等教育研究，2005（1）.

2005 年 2 月 1 日，《长江日报》有一则武汉地区的高校校训的报道《武汉高校纷纷刷新新校训》，颇值得关注。报道称："近几年来，和湖北大学一样，华中科大、华中师大、武科大、中国地大等高校纷纷掀起了一场更换校训的热潮。……武汉乃至全国大多数高校纷纷从古典文献中寻章摘句，或直接将名人亲笔题词作为新校训的做法，在教育界引起了广泛争论。"这个报道反映了社会对高校校训热的思考。

统计研究表明，在我国 364 所大学中，截止到 2012 年 7 月，已经有 361 所大学有明确的校训。①从表面上看，大学校训文化建设已经取得了重大发展。但媒体对校训热背后的冷思考也不无道理。与中国高校 21 世纪初的合并浪潮一样，校训建设也呈现出风起云涌之势。校训作为一所高校文化的标识与精神的凝结，能高度展现大学的特色。但是，我们知道，在高校合并之前，有些学校本来就有自己的校训。行业特色的院校合并为一个，组成了庞大的综合性大学。与此同时，高校的升格运动也同时出现。专科升本科，中专办高职，一时之间高等教育大发展、大繁荣。新的学校、新的气象，当然也需要新的校训与之相适应。所以，表面上看起来 21 世纪初的中国高校校训大发展、大繁荣，实际上在这种现象的背后恰好是中国高等教育需要重新调整的反映。

四、当前大学校训建设与反思

2015 年 6 月 9 日的《南方都市报》AA15 版，以《高校 900 所，校训撞车多》为题，指出了当前中国高校校训雷同多，无个性。报道称，根据教育部最新名单，全国普通本科院校共 919 所，除北京大学、南方科技大学等少数没有官方校训或还在征集校训的高校外，拥有明确校训的高校共计 909 所。《南方都市报》数据统计发现，909 所高校的校训只用到了 605

① 韩延明，徐愫芬. 大学校训论析［M］. 北京：人民教育出版社，2013：48.

个汉字，其中“学”和“德”两字出现频率最高，均在 400 次左右。统计显示，605 个汉字中有 125 个重复出现了 10 次以上，重复出现 100 次以上的也有 13 个之多。重复出现的字，其组合也非常雷同，如 208 所高校使用了“博学”，136 所高校使用了“厚德”，112 所高校使用了“笃行”。如果用中国大学校训中的十大高频字进行组合，即可组成中国大学最通用的校训“博学、厚德、笃行、求实、创新”。

这篇报道在指出校训同质化现象的同时，也看到了不同类型高校校训的特色：“虽然高校校训同质化较高，但不同类型高校的校训遣词用字在偏好上仍有一些有趣差别。如相比公立大学，私立大学校训更注重‘自强’，相比 1949 年之后创办的大学，1949 年以前创办的大学校训更容易提及‘诚’‘人’‘毅’等字眼。从学科特色来看，医药类高校校训提及‘德’的比例比其他高校高出 1 倍左右，如首都医科大学的‘扶伤、济世、敬德、修业’等。师范类院校提及‘学’的情形比其他高校高一半，校训中还比其他类型高校更多地重视‘人’，典型代表是北师大校训‘学为人师，行为世范’。还有，校训中强调‘诚信’的，多为财经类院校。”由此可见，当前的校训文化建设既存在同质化现象，又有着个性与特色。

《南方都市报》的这篇报道恰好是在 2014 年中宣部、教育部与光明日报社等单位大力推进大学校训建设的背景下推出的。与《光明日报》陆续

［中国大学校训十大高频字］

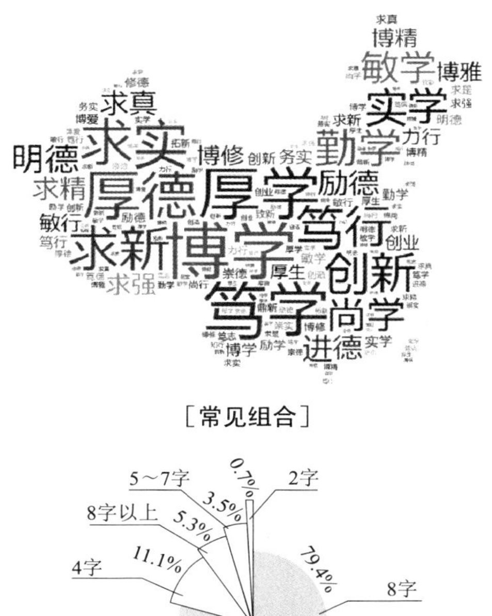

［常见组合］

2字 0.7%
5～7字 3.5%
8字以上 5.3%
4字 11.1%
8字 79.4%

［中国大学校训字数分布］①

刊发的各大学的校训故事不同，这篇报道更为全面地反映了当前大学校训的现状及存在的问题，因而这篇报道引发了社会上的普遍关注与讨论。

天津教科院副研究员王海莹撰文回应说：“客观而言，博、学、德、行是我国大学育人方向的内在体现，四者辩证统一于我国大学精神的追求，承载着历史与时代的气息，并与社会主义核心价值观互通共融，在一定程度上体现了中国大学育人理念的题中之义，也反映了我国高校的人才培养方向与育人方法。因此，900 所校训较多地表现出趋同性，实则有着内在的时代性与教育性，即便稍显雷同，不值得大惊小怪，也不能扣以抄袭或生硬照搬的帽子。”在回应校训同质化问题的同时，作者也对当前大学校训建设的问题进行了思考。大学的发展历史警示我们，校训不能仅限于表层

① 以上三个图来自微信公众号南方有数。

意义上的文字，而是一旦确立就要进行深层次的诠释和践行，这样才能升华为师生的主动追求，进而融入学校的历史与文化，成为师生恪守的价值准则和人生信条。正因为如此，当我们评价一所大学校训时，不能只停留在表层的“听其言”，而是要“看其行”，这才是校训的真正意义所在。①周潜之认为：“校风校训是校园文化的重要载体，为何在一些高校遭到学生的冷落？固然有一些是因为历史遗留问题，但时下一些高校热衷于搞校庆等仪式性活动，对真正能凝聚校园共识的校园文化重视不够，也是重要原因。”②近期围绕校训的讨论，恰恰说明社会各界对校训的关注程度已经大大提升，对校训所承载的大学教育的功能有很高的期待。

五、大学校训建设之路

当前，社会上对于中国教育的批评声音很大。从伟大的人民科学家提出的“钱学森之问”，到普通民众对大学生道德缺失的质疑，都显示出中国教育存在不少问题，有些则是教育体制的根本性问题。当常态化“迟到”、随意“翘课”成为课堂教学风景的时候，当大学的学术讲座依靠点名与学分诱惑招揽学生的时候，当晚上 11 点多学生宿舍楼下男女成群不顾他人休息表达爱意的时候，当男女毕业生身裹浴巾的毕业照在网上广泛流传的时候，当庄严的学位服被作为道具在草地上滚来滚去不再“庄严”的时候，当毕业季的影像记录板上多是“尼玛”或“姑娘们，送客”的时候，大学的校训又有何意义？如果教育没有深厚的文化根基，如果高校的校训文化只是刻在墙上的景观，那么人才培养与教育质量的提升都只能是空谈！

中国现代的大学制度基本上来自对西方大学的移植。无论是学科设置、院系分布还是评价体系基本上与西方大学没有差别。这样，不可避免的情况就出现了，西方大学的价值与文化也就随之在中国大学广为传播，

① 王海莹. 大学校训要靠育人行动诠释［N］. 中国教育报，2015（2）.

② 周潜之. 从“兰大骆驼”看校园文化认同［N］. 光明日报，2015（6）.

这已经成为不争的事实。青年人追求个性的张扬，喜欢新生事物，这是青年大学生的特点。但是，这个特点并不能成为必然导致个人主义与功利主义的借口。西方文化与中国文化最大的区别在于，中国文化重视群体，重视维护社会整体利益，因为中国文化的个人一定要注意维护与家庭、群体、社会的关系，学会处理个人与家庭、个人与群体、个人与社会、个人与国家之间的关系，这是中国文化的一大特征，也是中国文化的优势。西方文化则明显不同，西方文化重视个人的独立与个人发展，与中国重视伦理道德，重视家庭相比，西方在这方面有明显不足。在西方的词语里，甚至找不到与“孝”相对应的单词。所以，西方大学里的核心价值是鼓励个人发展、个性自由，对于学生伦理道德方面的教育明显不够。在西方文化中，对社会与国家的权利与义务是依靠完善的法律制度来维系的。当传统既有的一整套维护个人与社会权利义务关系、教化体系与文化根基被动摇、被质疑的时候，当教育制度与人才培养、价值倾向都在向着异国他乡亦步亦趋的时候，校训之“训”，“训”从何来？

造成中国教育问题的根源不单纯是校训问题，校训即使总结得再好，如果没有相应的制度保障与落实措施，也只是一纸空文。那么，问题根源在哪里？根源恰恰在于中国文化与西方文化的差异问题。

历史发展表明，中国的发展如果割裂与传统文化的关系，是必定出问题的。党的十八大之后，特别是十八届三中全会以来，习总书记特别重视弘扬中华优秀传统文化，充分肯定了中华优秀传统的地位与价值。可以说，新中国建国60多年，经历了曲折的艰难探索，我们现在才找到了正确的文化发展之路。说到这里，读者或许会发现问题的根源。在大学里，中国文化的根一直在与西方的文化价值较劲。我们历史上本来有一套完善的价值与文化教育体系，但在西方文化的冲击下，已经七零八落，即使我们的中小学教材中有些许的中国传统文化内容，也无法抵御社会上、网络上到处存在的西方文化价值的传播。问题的根本解决要靠中央下决心，下大力气从根本上扭转。至于我们的校训建设，如果进行合适的引导与建设，对于当前教育的改革与发展还是大有裨益的。

从中央战略部署及当前的校训建设来看，今天的校训建设又出现了一些新的变化，最明显的表现就是大力挖掘校训中承载着的优良办学传统。但挖掘校训文化内涵与深厚的思想，如何化为全校师生员工内心的价值追求，进而转化为外在之行，这才是校训建设最重要的本质问题。

我们可以看一下台湾某些高校的校训建设。近代以来，虽然西方教育迅速传入我国，学校训导的内容也发生了很大变化。但“学校训导”“训导主任”“训导员”这些词却延续下来。直到今天，在香港、台湾等地的学校里，很多学校还保留着训导主任一职，“学校训导”工作仍然是学校教育的一项重要内容。据高雄应用科技大学网站报道，台湾为使其大专院校各具特色，乃通令各校除仍以“礼义廉耻”为共同校训外，可自行制定校训，以为师生精神标杆，戮力准绳。

台湾高校的校训建设启示我们，校训既然是“训”，就要能普遍反映教育者的意志，国家的价值倾向与民族的文化传统，又因学校培养的人才各有侧重，所以大学校训又可以有各自的特色。因此，批评中国大学校训千篇一律的观点恰恰忽视了教育的意识形态与国家意志特征。

无论高校培养的是工程师、教师，还是医生、演员，做人总是第一位的，修身终归是第一要务。从白鹿洞书院学规到岳麓书院的校训，无不以培养人为社会的人、伦理的人、道德的人为根基，这应该是所有中国大学都要坚守的“训”，而不是为了适应年轻人的需求，把“训导”改为“迎合”。当前教育的问题正出在迎合学生，而不是引导、训导学生身上。中国教育从训导学生到迎合学生，与西方文化近些年的迅速传播有关系，与我们对传统文化的误读有关系，更与教育管理者的放纵有关系。

校训不在字数多寡，而在于其精神。北京交通大学的校训“知行”，集美大学的校训“诚毅”，因其短小精悍而闻名；上海戏剧学院的校训因有

119 个字而著称。曾任上海戏剧学院院长的著名戏剧教育家熊佛西先生的训导之言，成为今天上戏的校训，其曰："培养人才的目标，我以为，首先应该注重人格的陶铸，使每个戏剧青年都有健全的人格，是一个堂堂正正的'人'——爱民族，爱国家，辨是非，有情操的人。然后，他才有可能成为一个伟大的艺术家，所以本校的训练的体系，不仅是授予学生戏剧的专门知识与技能，更重要的还是训练他们如何做人。"上海戏剧学院的校训，教导学生先做人，再做事，深刻把握了"尊德性"与"道问学"的关系，是传承中国优秀教育理念与中国大学优秀校训的杰出代表。

今天的大学校训建设，应该说到了一个需要深刻反思的时候了。校训作为大学精神与大学文化的凝结，既要体现国家意志，又要反映大学自身特色。盲目追求个性的校训不是好校训，同质化千篇一律的校训也不可取。只有根植于中华优秀传统文化的沃土，立足当下时代需求的校训才是好的校训，有价值的校训。北京交通大学的"知行"校训，深刻把握了中华优秀传统文化的精髓，又与时俱进，贴合时代需要，在全国各大学的校训中具有示范与引领意义。

第二章　中国传统知行观的变迁及现代意义

北京交通大学以“知行”作为校训，因其短小精悍而富有中国传统哲学的底蕴而著称。为了梳理清楚“知行”蕴含的哲学意义与思想内涵，本章就中国思想史上的知行观进行考察，以期为进一步阐释“知行”校训的价值与当代意义提供基础。

中国古代对知行关系的讨论，主要集中于“知”与“行”是否有先后的问题上。一种观点认为，知行合一，无先后之分；另一种观点认为，知先行后或行先知后。由于这两种观点的分歧，又衍生出“知行难易”和“知行轻重”的问题。知行先后的问题，是认识的来源问题；知行难易问题实际上反映了人们对知行认知深浅的程度。

一、先秦时期的知行观

先秦思想是中国思想的源头，理解先秦时期的知行观对于了解整个中国思想史上的知行观有着十分重要的意义。在中国思想史上，专门讨论知行先后、知行难易等问题，提出各种系统的知行学说都在宋代以后，但是这些问题在先秦时期大都已经被提出或已经有了萌芽。

《尚书·说命中》记载说，商大臣傅说向高宗武丁进言治国方略，深得武丁肯定，傅说说：“非知之艰，行之惟艰。”意思是说，懂得事物的道理并不困难，按照道理去做才困难。《左传·昭公十年》记载，郑国大夫子皮去晋国参加晋平公的葬礼，准备带厚礼献给晋国新君，子产劝诫他说，参加丧礼不必带厚礼给新国君，子皮不听，结果求见新君被拒绝。子皮说：“非知之实难，将在行之。”了解事情的道理并不难，难在按照所了解的道理去做。这两段对知行关系的论述对后世产生了深远影响。先秦诸子出现以后，对于知行问题的讨论呈现出百家争鸣的局面。

1. 儒家学派的知行观

汤一介先生说：“自孔子以来，儒家各代都对‘知’‘行’问题有过讨论。为什么儒家重视‘知’‘行’关系？这是由于儒家的精神是入世的，要‘明明德’于天下。要‘明明德’于天下，就不仅是个理念的问题，必须实践，必须身体力行，必须见于事功。”①孔子的知行观主要是对伦理道德观念的学习与践行。孔子认为，知识的获得主要有两个来源：一是生来便有知识，一是通过学习获得知识。孔子说：

> 生而知之者，上也；学而知之者，次也；困而学之，又其次也；困而不学，民斯为下矣。(《论语·季氏》)

皇侃解释这句话说：“若生而自有知识者，此明是上智圣人，故云上也。云学而云云者，谓上贤也，上贤既不生知，资学以满分，故次生知者也。”②孔子认为，一部分人是上智圣人，这类人资质很高，非常聪明，生来便有知识，但这类人很少，孔子甚至认为连自己都不是，他说：“我非生而知之者，好古，敏以求之者也。”(《论语·述而》)

那么，上智的圣人为什么可以“生而知之”？“知之只是知本性，本性之外再无知。”③既然“知”只是“知本性”，我们便可以理解极少数上智圣人天性美好，天资聪颖，虽然没有读书，极早便自知其本性，悟得大道。据此可知，孔子所说的“知”更多地是指德性之知，即有关人性修养的学问，而非各种具体的知识，对此，我们还可以从孔子的相关言论中进一步

① 汤一介. 汤一介集［M］. 北京：中国人民大学出版社，2014.

② 程树德. 论语集释［M］. 北京：中华书局，1990：1159.

③ 同②：1159.

得到印证。孔子曾自述其为学过程：

子曰："吾十有五而志于学，三十而立，四十而不惑，五十而知天命，六十而耳顺，七十而从心所欲，不逾矩。"(《论语·为政》)

子曰："不知命，无以为君子也；不知礼，无以立也；不知言，无以知人也。"(《论语·尧曰》)

孔子回顾一生的学习历程，从十五岁开始有志于学，"三十而立"。那么经由这十五年学习才达到的"立"，具体是什么？其一，通过对古代典籍的长期学习，对于经典的理解形成了立得住脚的观点；其二，《论语·尧曰》篇载："不知礼，无以立也。"《论语·季氏》篇载："不学礼，无以立。"《论语·泰伯》篇载："子曰：兴于《诗》，立于礼，成于乐。"据此可知，"立"是"立于礼"，"礼，经国家，定社稷，序民人，利后嗣者也"(《左传·隐公十一年》)，"立于礼"不仅意味着熟悉礼典，还意味着可以在社会生活乃至国家政治的各种具体情况中灵活恰当地用礼、行礼、循礼。

而孔子学礼以至于能"立"，与他多闻多见、择善而从的学习态度与方法有关。《论语·述而》篇载："盖有不知而作之者，我无是也。多闻，择其善者而从之，多见而识之，知之次也。"此处"作"，朱熹理解为"作事"，自然也包括用礼、行礼。孔子自己也是躬行多闻多见、谦虚请益的学习态度。例如，《论语·乡党》篇记述孔子"入太庙，每事问"，《史记》《礼记》等经史文献也记载了"孔子问礼于老子"的历史。

礼是一种实践，学礼的目的是为了"立于礼"，是成就君子人格的一个必要阶段。礼是一种秩序，这种秩序背后是一整套人伦价值观念，选择遵循、使用何种礼仪背后是对价值观念的选择。孔子自言"四十而不惑"，《论语》载：

子曰："君子道者三，我无能焉：仁者不忧，知者不惑，勇者不惧。"子贡曰："夫子自道也。"(《论语·宪问》)

“不惑”当属“知者”。朱熹解释说：“明足以烛理，故不惑。”[①]一个人对事物之理有着深入的洞察，明达智慧，就不会迷惑。而对孔子来说，对事物之理的体认并非是对纯粹知识的追求，而应当是对人伦价值、现实人生之理的体认与认识。孔子说：“好知不好学，其蔽也荡。”（《论语·阳货》）“好知”并非“好学”，对于纯粹知识的求索必须以人伦价值的习得为范导，“穷高极广而无所止”（朱熹注语）的知识求索反而会给君子修养带来障蔽。正是基于这种价值观和知识论的态度，孔子主张“知”应有所止。《论语》中载：

> 樊迟问知。子曰：“务民之义，敬鬼神而远之，可谓知矣。”（《论语·雍也》）
>
> 季路问事鬼神。子曰：“未能事人，焉能事鬼？”曰：“敢问死。”曰：“未知生，焉知死？”（《论语·先进》）

鬼神、死亡不可见闻觉知，无须从纯粹知识意义或哲学意义上去求索，对现实人生来说，最重要的是“用力于人道之所宜”[②]。尽管孔子并不主张弟子们去钻研对鬼神本身的知识，但他却十分重视如何通过“敬鬼神”“慎终追远”，从而使得“民德归厚”的道德教化功用，这一对“鬼神”之知的态度最能反映孔子知论关注人伦现实的价值倾向。《论语·颜渊》载：

> 樊迟问仁。子曰：“爱人。”问知。子曰：“知人。”樊迟未达。子曰：“举直错诸枉，能使枉者直。”樊迟退，见子夏，曰：“乡也吾见于夫子而问知，子曰：‘举直错诸枉，能使枉者直’，何谓也？”子夏曰：“富哉言乎！舜有天下，选于众，举皋陶，不仁者远矣。汤有天下，选于众，举伊尹，不仁者远矣。”

孔子认为，智慧主要体现为能知人，能识别出正直的人与邪恶的人，并把正直的人提拔出来，使其位置在邪恶的人之上，从而使得邪恶的人正

---

① 朱熹. 四书章句集注［M］. 长沙：岳麓书社，1998：166.

② 同①：127.

直起来。并且，孔子主张通过观察一个人的言行来认识一个人的本性。

不管是“知人”还是“学礼”，这种认识还是外在的，随着年岁日长，经历的人生困境愈多，到五十岁时，孔子认为，自己对于命运已经有了深刻认识。在他看来，一个人如果不能理解命运，便算不得上是君子。尽管对于人生命运的体认、理解、思考是如此重要，但孔子很少谈论命运。《论语·子罕》篇载：“子罕言利与命与仁。”人生随处都有偶然，充满着变易，即便能立于礼、不惑于人，人生仍不免坎坷，也许正因为命运的不可测，所以孔子很少谈论。“知天命”并不意味着对命运这一论题的各种解释，对于人生诸种境遇能安之若素便可算作是“知天命”的人。纵观孔子一生，“再逐于鲁，削迹于卫，伐树于宋，穷于商周，围于陈蔡”（《庄子·让王》），可是孔子始终保持恬淡乐观的心境，坚持宣扬自己的仁义之道，庄子赞颂说：“古之得道者，穷亦乐，通亦乐。所乐非穷通也，道德于此，则穷通为寒暑风雨之序矣！”（《庄子·让王》）庄子称颂孔子为理解了命运的得道者。

孔子说：“六十而耳顺，七十而从心所欲，不逾矩。”“耳顺”，听什么都很顺耳，此时心量广大，涵容一切，外在的是非荣辱听起来不再刺耳，不会在心里掀起波澜。到了七十岁，放纵自己的信念与言行，不再逾越任何礼仪规矩，自适适人，顺人顺己，自在无碍。

孔子回顾一生，学于礼而立于礼，知人而不惑，经历穷通而后理解命运，最后达致精神自由之境。如庄子所论“孔子行年六十而六十化”（《庄子·寓言》），孔子就是在不断的反思中建构其思想体系，并且他虽屡经挫折，却不断地寻找各种机会参与政治实践，孔子的“知”论有着强烈的实践品格，抑或说他的“知”论就是他实践经验的总结。

在孔子看来，学做君子首要的是躬行人伦道德，加强自身的心性修养，其次才是学习书本知识。《论语》载：

> 子曰：“弟子，入则孝，出则悌，谨而信，泛爱众，而亲仁。行有余力，则以学文。”（《论语·学而》）

“弟子”指“年纪幼小的人”[1]，在孔子看来，年幼之人，首要的是躬行孝悌，言语寡少、信实，博爱大众，亲近有仁德的人，如果有余力，再去学习《诗》《书》等六艺之文。比读《论语》其他章节可知，孔子重道德践履的知行观并不局限于指导幼童，而是对所有希望成就君子人格的人们提出的道德训诫。《论语》载：

子曰：“君子食无求饱，居无求安，敏于事而慎于言，就有道而正焉，可谓好学也已。”（《论语·学而》）

子夏曰：“贤贤易色；事父母，能竭其力；事君，能致其身；与朋友交，言而有信。虽曰未学，吾必谓之学矣。”（《论语·学而》）

孔子认为，如果一个人在物质生活上没有过多的要求，并且做事勤勉，言语谨慎，经常到有道之人那里去匡正自己，就可以算是好学了。他在描述颜渊“好学”时只是说“不迁怒，不贰过”（《论语·雍也》），由此可见孔子对知识或者说学习的实践性品格的强调。子夏说，一个人如果可以践履人伦道德，即便没有学习过书本知识，也算是学习过了。从这里，我们也可以看到，孔子及弟子所论“知”一定以“行”为检验标准。“古之学者，其要在乎谨言慎行以修身，非徒记诵辞章而已。”[2]

但要把“知”转化为“行”，必经一个“学”的阶段。《论语·阳货》篇记载了一段孔子与子由的对话：

子曰：“由也！女闻六言六蔽矣乎？”对曰：“未也。”“居！吾语女。好仁不好学，其蔽也愚；好知不好学，其蔽也荡；好信不好学，其蔽也贼；好直不好学，其蔽也绞；好勇不好学，其蔽也乱；好刚不好学，其蔽也狂。”

皇疏引江熙：“不学不能深原乎其道，知其一而未识其二，所以蔽

① 杨伯峻. 论语译注［M］. 2 版. 北京：中华书局，1980：5.

② 程树德. 论语集释［M］. 北京：中华书局，1990：54.

也。”[①]朱熹也说：“六言皆美德，然徒好之而不学以明其理，则各有所蔽。”[②]各种优秀品质是人们都想获得的，但是只是“好”，没有付诸行动，到头来还是空的，还是无法成为支撑自我的“行”。

道德修养需要学习，为政安民更是如此。《论语》载：

> 子路使子羔为费宰。子曰：“贼夫人之子。”子路曰：“有民人焉，有社稷焉，何必读书，然后为学？” 子曰：“是故恶夫佞者。”（《论语·先进》）

子路让子羔去做费地的官长，他认为，不一定必须通过读书来获得为政的知识，还可以通过直接参与治理来获得。孔子认为，这种做法是害了别人的儿子。朱熹解释说：“治民事神，固学者事，然必学之已成，然后可仕以行其学。若初未尝学，而使之即仕以为学，其不至于慢神而虐民者几希矣。”[③]先学习治民的理论知识，学好了，再运用学习到的知识去治民；反之，如果不先学习就让一个人去做官治民，很少有不虐待老百姓、怠慢神灵的。

总之，在孔子思想体系中，“知”包含道德修养、礼仪训练、精神境界等。“行”是行其所知，在“行”中不断反思，获得对“道”的体认，而对“道”的体认，又将提升其道德践履的价值意义及自身的人性境界，最终达成君子人格。

到了战国时期，孔子开创的儒家分为八派，孟子“受业子思之门人”（《史记·孟轲荀卿列传》），继承了孔子的思想，首倡“良知”说。孟子说：

> 人之所不学而能者，其良能也；所不虑而知者，其良知也。孩提之童无不知爱其亲者，及其长也，无不知敬其兄也。亲亲，仁也；敬长，义也。（《孟子·尽心上》）

---

① 程树德. 论语集释［M］. 北京：中华书局，1990：1211.

② 同①：259.

③ 朱熹. 四书章句集注［M］. 长沙：岳麓书社，1998：187.

孟子认为，人天生具备爱亲之“仁”、敬长之“义”的道德种子，只要尽心而为，道德观念就会不断成长起来。孟子说：“尽其心者，知其性也；知其性，则知天矣。”此处“知”的过程便是修养的过程，反之，修养本性的过程就是认识本性的过程。现实中的“心”充满欲虑，去除欲虑，便可回到本性，回到了本性，便可认识到人的本性进而认识到天的本性。

孟子认为：“仁，人心也；义，人路也。舍其路而弗由，放其心而不知求，哀哉！人有鸡犬放，则知求之；有放心而不知求。学问之道无他，求其放心而已矣。”（《孟子·告子上》）学问之道就是要把放弃散失的心找回来。不停地找，不断地学，才能不断地提高。

从性善论的角度出发，孟子认为，人们行仁义却对自身的行为没有道德自觉。孟子说：“行之而不著焉，习矣而不察焉，终身由之而不知其道者，众也。”（《孟子·尽心上》）当然，还是有少数道德品行高的人，先知先觉，由他们来进行道德教化，使得后知后觉者觉悟起来。孟子说：“天之生此民也，使先知觉后知，使先觉觉后觉也。予，天民之先觉者也；予将以斯道觉斯民也。非予觉之而谁也？”（《孟子·万章上》）孟子强调，仁义道德的关键在于践行，他说：“身不行道，不行于妻子；使人不以道，不能行于妻子。”（《孟子·尽心下》）

与孟子不同，荀子发挥了孔子“学而知之”的思想，荀子认为，人有认识能力，世界也是可知的，荀子说：“凡以知，人之性也，可以知，物之理也。”（《荀子·解蔽》）关于认识的过程与方法，荀子说：

> 不闻不若闻之，闻之不若见之，见之不若知之，知之不若行之。学至于行而止矣。行之，明也，明之为圣人。圣人也者，本仁义，当是非，齐言行，不失毫厘，无它道焉，已乎行之矣。故闻之而不见，虽博必谬；见之而不知，虽识必妄；知之而不行，虽敦必困。不闻不见，则虽当，非仁也，其道百举而百陷也。（《荀子·儒效》）

直接经验“见之”所得的认识的确切性高于间接经验“闻之”，但闻见所得只是事物的现象，还需要进一步深化，把经验上升为理论，抽象的理论是否具备真理性，还需要付诸实践的检验。圣人之所以能够以仁义为本，准确地判断是非，言行一致，其原因就在于他把自己的认识所得付诸实践来检验。反之，“知之而不行，虽敦必困”，获得的知识虽然多，但不去实行，也会陷入困境。

荀子根据人们是否言行一致，把人分为四个层次，荀子说：“口能言之，身能行之，国宝也。口不能言，身能行之，国器也。口能言之，身不能行，国用也。口言善，身行恶，国妖也。治国者敬其宝，爱其器，任其用，除其妖。”（《荀子·大略》）能够做到言行一致的人，是国宝；不善言谈、不能把道理说出来，但是能够去实现的人，是国器；能说但不能实行的人，是国用；最低层次的是国之妖孽，嘴上说得好，做得很差。治国者“敬其宝，爱其器，任其用，除其妖”。

2. 墨家学派的知行观

墨子认为，判断是非真伪的标准有三个，他说：“言必有三表。何谓三表？子墨子言曰：有本之者，有原之者，有用之者。于何本之？上本之于古者圣王之事。于何原之？下原察百姓耳目之实。于何用之？发以为刑政，观其中国家百姓人民之利。此所谓三表也。”表就是标准、准则。第一个标准就是“上本之于古者圣王之事”，即根据以往的历史经验；第二个标准是“原察百姓耳目之实”，即考察人们的感官经验。墨子认为，认识来源于人对事物的感觉。《墨子·明鬼下》载：“是与天下之所以察知有与无之道者，必以众之耳目之实知有与亡为仪者也。请惑（读为“诚或”）闻之见之，则必以为有；莫闻莫见，则必以为无。”人们看得到、听得到的是有，看不到、听不到的是无，有无的标准是人们的闻见感觉。据此，墨子反对天命论，他说：“自古以及今，生民以来者，亦尝见‘命’之物、闻‘命’之声者乎？则未尝有也。”

第三个标准意在通过实践考察效果。墨子重视知对于行的作用，同时又强调知后要行，要有利于行。《墨子·耕柱》载：“言足以复行者常之，不足以举行者勿常。不足以举行而常之，是荡口也。”言论能够指导、改善人们的行为就能够长久地流传下来，不能对行为起到指导作用，就不能流传下来。墨子十分强调言行要一致，他说：“言必信，行必果，使言行之合，犹合符节也，无言而不行也。”（《墨子·兼爱下》）

3. 道家学派的知行观

“道”是否被认识、践行是老子一开始便十分关心的问题。老子说：“吾言甚易知，甚易行，天下莫能知，莫能行。言能宗，事有君。夫唯无知，是以不我知。知我者希，则我者贵矣，是以圣人被褐怀玉。”（《老子·七十章》）老子感慨，自己的“道”容易理解、践行，可是天下没有多少人能理解、能践行。老子叹息说：“使我介然有知，行于大道，唯施是畏。大道甚夷，而民好径。”（《老子·五十三章》）假使我有一点常识的话，就会顺着大路走，生怕走邪路。然而，大道平坦，易知易行，人们偏偏喜欢走斜路。老子无不解嘲地说，也许正是那些无知的人听说了大道而大加嘲笑的态度，恰恰印证了“道”之所以为“道”，那些听说了大道便努力践行的人才是最有智慧的人。子说：“上士闻道，勤而行之。中士闻道，若存若亡。下士闻道，大笑之。不笑不足以为道。”（《老子·四十一章》）

为什么大道开阔而人们却偏偏喜欢走斜路呢？为什么在老子看来易知易行的大道却被人嘲笑、不被人践行呢？老子对此进行了反思：

> 执大象，天下往。往而不害，安平泰。乐与饵，过客止。道之出口，淡乎其无味。视之，不足见。听之，不足闻。用之，不足既。（《老子·三十五章》）

“大象”在这里代指大道，天下人都会归附于掌握了大道的人，一旦归附于执道者，学习大道，人们就都能过上太平安乐的日子。学道的利益是显而易见的，所以老子说：“使我介然有知，行于大道。”学道的方法也是简单易行的，老子说：“为学日益，为道日损。损之又损，以至于无为。”

（《老子·四十八章》）要想获得大道，只要不断地减损自身欲望就可以了。那为什么大部分人（“中士”“下士”）并不真正地去遵循大道呢？

例如，守柔是道的核心内容之一，人们都了解守柔的好处，柔弱可以胜过刚强，但没有人去持守柔弱，可谓“知而不能行”。老子说：“弱之胜强，柔之胜刚也，天下莫不知，莫能行。”（《老子·七十八章》）之所以“知而不能行”，还是由于人的欲望。尽管学道的利益显而易见，但人生之路如此漫长，道更多关注的是人们长远的幸福和根本利益，而现实生活中的人们关注更多的是声色之好、口腹之欲等眼前利益，在外物的诱惑下，人们内心的欲望不断沸腾，“五色令人目盲，五音令人耳聋，五味令人口爽。驰骋田猎，令人心发狂，难得之货，令人行妨”（《老子·十二章》），根本抬不起脚来顺“道”而行，即便少部分人上了“道”，终于还是停下脚步，成了道的过路人，即所谓“乐与饵，过客止”。

据此而论，老子说“吾言甚易知”，强调的是他立言有宗旨、有核心，博而有约，与此同时，老子也在反复宣传学道之于人的长远而巨大的利益，明白易晓；“（吾言）甚易行”，只需不断减损欲望便可获得大道。感慨是感慨，现实是现实，“知我者希，则我者贵”，老子自述，理解他的人很少，能效法他、践行大道的人更少，“我”在人群中属于异类，“我独异于人，而贵食母”（《老子·二十章》）。在老子看来，自己的思想之所以不被理解，还是由于人们太无知了，可见，“知”仍然是学道路上的一个问题，或者说“知，而莫能行”便不是真知，更直接地说，“莫不知”如果仅仅是了解到道对于利益，那么对于世俗人而言，道所带来的利益太长远，以至于还不足以吸引他们，“道之出口，淡乎其无味”。

学道是一个知行合一的过程，在学道的具体过程中，“知”蕴含着不同的意义，发挥着不同的作用。从内容上来说，对道的认识除了对人道的认识，还包括对天道的认识，也即对自然规律的认识。按照现代科学的思维方式，自然与社会是两个不同的领域，由不同的规律和原则所支配。而在老子看来，“域中有四大”“道大，天大，地大，王亦大”（《老子·二十五章》），宇宙间有四种规律，道的规律、天的规律、地的规律、国家治理的规律，人类社会的规律应当效法天地（即自然界）的规律，天地的规律要效法“道”的规律，即老子这里说的“人法地，地法天，天法道，道法自然”（《老子·二十五章》）。从这一思路可知，在老子的哲学系统中，自然的规律与人的规律并不是割裂的，相反，老子是站在天地宇宙这个大系统的角度，默认了自然与社会之间存在着某种共通的规律、原则，人类社会不断地在折腾，违背规律，而自然永远因循规律变化，所以，人应当效法天地自然，回到自己的本源。

守柔是老子处世思想的总原则，老子对守柔这一原则的把握，正是通过对人的肉体与草木的生死及水的特性等自然现象观察类比得出。老子说：“人生之柔弱，其死也坚强。草木之生也柔脆，其死也枯槁。故坚强者，死之徒；柔弱者，生之徒”（《老子·七十六章》）“天下莫柔弱于水，而攻坚强者莫之能胜，其无以易之。弱之胜刚，柔之胜刚也，天下莫不知，莫能行。”（《老子·七十八章》）据此可知，对于道的认识，至少在最初阶段，老子是并不排斥“知（经验观察与理性认识）”的，但显然，获得大道仅凭“知”又是不够的，“天下莫不知，莫能行”证实了这一点，“莫不知”的“知”还只是一种经验性的了解和功利智巧性的认识，还不是对道的“真知”。

要获得对道的“真知”，仅靠具体知识经验的累积是不够的，老子说：“知者不博，博者不知。”（《老子·八十一章》）这里的“知”读为“智”，即智慧，“博”所指的知识是有关具体事物的实用性知识，有智慧的人不去广求知识。老子说：“不出户，知天下；不窥牖，见天道。其出弥远，其知弥少。是以圣人不行而知，不见而名，不为而成。”（《老子·四十七章》）“出户”“窥牖”仍只是通过闻见去认识具体事物的规律与原则，而具体知识的叠加并不能获得对道的智慧，这与老子对俗知的看法是紧密相连的。

在老子看来，世俗人所追求的具体知识，是为了满足社会生活的需要，是一种工具、一种智巧，俗知的增长刺激人的欲望，智巧带来人性的虚伪。老子说，“为学日益”（《老子·四十八章》），“慧智出，有大伪”（《老子·十八章》）。因此，老子主张“不行而知”，这里的“知”就是指“出户”“窥牖”，追求俗知，满足欲望，在老子看来，只有不去求俗知，才能获得对道的真知。

“真知”不是向外看，而是向内看，是对自我的认识。老子说：“知人者智，自知者明。”（《老子·三十三章》）“真知”不执着于不断变化的外在事物，而是指向不变的内在本性。老子说，“复命曰常，知常曰明”（《老子·十六章》），“知和曰常，知常曰明”（《老子·五十五章》）。“真知”最后获得的是内心的清静无欲，内心的明彻。

然而，“真知”又不是仅仅萦绕于内心，“知”还要体现于“行”。老子说：“修之于身，其德乃真。修之于家，其德乃余。修之于乡，其德乃长。修之于国，其德乃丰。修之于天下，其德乃普。”（《老子·五十四章》）在这里，修道或者说行道可以分为四个层次，类似于《大学》所说的修身、齐家、治国、平天下。“道常无为而无不为”，人如果完全做到清静无欲，不论做什么都会顺利。

就认识的过程而言，“知”还应当“行”，道作为一种普遍规律还应当在现实中具体化，即所谓“既得其母，以知其子”，通过对道的把握，理解齐家、治国的原则，以道治国。

得道是有层次的，或者说，道永远在路上，如庄子所言：“道隐于小成。”（《齐物论》）那么对道的认识永远是没有止境的。并且，认识大道与践行大道这一知行合一的过程也不仅仅指向人的内心，还要现实地实现于家庭、社会、国家乃至世界，因此，人的认识从闻见到“不闻”“不见”以获得大道，最后还有一个再回到闻见的过程，如果说“不闻”“不见”是更好地进行自身德性修养的实践，那么此时再去闻见，则不仅仅是为了深化德性之知，更重要的是去实现治国平天下的政治实践。

"知"应该时时回到内心、回到本源，但不能只是围绕着内心打转转，那样反而不再开阔、澄明，明彻之知、清静之心还应当体现于齐家治国平天下之"行"，却并不以"行"为目的。至此，"知"与"行"相交融，人与道相合一。若就老子的治国理想而言，"恒使民无知、无欲"（《老子·三章》），"结绳而用之"，老百姓皆泯其智巧，顺应自然而行，"甘其食，美其服，安其居，乐其俗"（《老子·八十章》）。

然而，老子并不是要否弃掉所有世俗之知，事实上也不可能，不论齐家也好，还是治国平天下也好，都需要一些具体的知识，老子主张的是，知识够用了就好，要"知止"。《老子·三十二章》载："始制有名，名亦既有，夫亦将知止。知止可以不殆。譬，道之在天下，犹川谷之于江海。"张松辉先生解释说："人类开始活动，也就出现了各种有名称的器物。器物出现以后，也应该懂得适可而止。懂得适可而止就能避免危险。打个比方，普遍规律与天下（万物的具体规律）的关系，就好像江海与河川的关系一样。"①不论器物还是知识足以满足生活的需要就可以了，就应当停止制造器物、追求技术性的知识，在"小国寡民"的理想社会中，老子还主张对各种器具、技术采取"有而不用"的态度，只有知道适可而止，懂得"有而不用"，人才能取得功用价值与人性价值的平衡与和谐，才能始终与道保持一致。

老子说："天下有始，以为天下母。既知其母，以知其子。既知其子，复守其母，没身不殆。……见小曰明，守柔曰强。用其光，复归其明，无遗身殃。是为习常。"（《老子·五十二章》）"见小曰明"，人们辨析、获取事物细微之处，以促进技术的进步，知识的增长，例如，人们通过对水的力量的观察，发明水电站，产生电能，满足生产生活的需要，这可以说是明智。

① 张松辉. 老子译注与解析［M］. 长沙：岳麓书社，2008：108.

老子则要求人们发挥技术功用价值的同时，不断地回到本源，从道那里获取智慧，以这种智慧养育心性，即“复归其明”。效法自然可以从有与物、器（技）与道两个方面，“故‘有’之以为利，‘无’之以为用”（《老子·十一章》），有形的器（技）给人带来便利，无形的道则没有实际的用途，但它可以保证器（技）的使用者保持自身的本性，更恰当地使用器（技），使得器（技）始终在有道者的掌握之下。百川归海，众器（技）同道，在掌握器（技）、掌握知识（“知子”）之后，就应当“守母”。

并且，器（技）、各种具体知识是“子”、是川谷，道作为一种总原则、普遍原则是母、是江海，我们可以“子”理解“母”，由技进于道。《老子·十六章》载：“王乃天，天乃道，道乃久，没身不殆。”张松辉先生解释说：“懂得了治国的原则，进而就能了解自然规律，了解了自然规律，进而就能掌握普遍规律。”①

庄子继承了老子的思想，提出了“真知”的思想。庄子在《大宗师》中说：“且有真人而后有真知。”成玄英解释说：“夫圣人者，诚能冥真合道，忘我遗物。怀兹圣德，然后有此真知，是以混一真人而无患累。”此处合道之“圣人”也即庄子所言“真人”，成玄英认为真人已经做到了忘我遗物、与道合一，并且保持着这种崇高的精神境界，这可以说已经获得真知了。简言之，有了真人才有真知。实际上在他的解释中，“真人”这一概念已经包括了“真知”（冥真合道、忘我遗物、怀兹圣德）。那么从逻辑的层面讲，只有具有了“真知”的人才可称为“真人”。真知与真人是一而二、二而一的，有真人而后有真知，有真知而后有真人。

真知的内容是道，道的内容除了庄子独有的思想例如齐物、物化、精神自由以外，其内容绝大部分没有超过世俗智慧的范围。但庄子在使用世俗知识时，已认识到这些知识的低下，只是出于现实需要而去运用这些知

---

① 张松辉. 老子译注与解析［M］. 长沙：岳麓书社，2008：58.

识。“以知为时者，不得已于事也。”（《庄子·大宗师》）但运用这些知识时，精神是超越的，这种“物物而不物于物”《庄子·山木》的超越精神又是庄子所独有的真知。

真知在庄子文中又被称为“大知”“至知”，与之相对的是“小知”，即世俗人的智慧，简称“俗知”。真知是庄子在对俗知批判的过程中形成的、庄子自己所认为正确的思想。真知与俗知主要的区别有三：首先，俗知具有名利的目的，而真知的目的是为了获得大道。其次，俗知的获得途径是“日益”，而真知的获得途径是“心斋”。最后，在庄子看来，俗知是一种不可靠的知识。庄子主要通过以下三个方面来论证。

第一，认识主体的局限。庄子认为作为认识的主体要受空间、时间、成见的限制，因此认识所得的知识是不可靠的。《秋水》篇中说：“井蛙不可以语于海者，拘于虚也；夏虫不可以语于冰者，笃于时也；曲士不可以语于道者，束于教也。”不可和井蛙谈论大海，是因为他们受居住的空间限制；不可和夏天的虫子谈论冰雪，因为它们受到生存的时间限制；不可和知识浅薄的人谈论大道，因为他们受到教育的限制。

第二，认识对象处在不断变化之中。在庄子看来：“夫知有所待而后当，其所待者特未定也。庸讵知吾所谓天之非人乎？所谓人之非天乎？”认识的正确与否却有待于主体所获得的认识与认识对象的吻合，而在庄子看来，作为认识对象的万物却处在不断变化之中。庄子说，我怎么知道我刚才所说的“自然”现在没有聚合为人，而我刚才所说的“人”没有复归于自然呢？可见俗知是不可靠的。

第三，是非标准难以确立。庄子认识到不同的认识主体有不同的认识标准：“民湿寝则腰疾偏死，鳅然乎哉？木处则惴栗恂惧，猨猴然乎哉？三者孰知正处？民食刍豢，麋鹿食荐，蝍蛆甘带，鸱鸦耆鼠，四者孰知正味？”人睡在潮湿的地方会患腰病甚至偏瘫，而泥鳅却不会，那谁算懂得最正确的住处呢？人吃禽兽的肉，麋鹿吃草，谁懂得真正的美味呢？庄子通过人与动物之间不同喜好的对比，否定了有一定的是非标准。

去知有两种理解：其一，面对智慧无法知道的命运、自然之神采取“不去知”的态度。庄子在探索自然、思考人生中得出了许多真知，但自然人生最根本、最终极的原因他认为无法了解的“日夜相代乎前，而知不能规乎其始者也。故不足以滑和，不可入于灵府。”日夜交替这一现象是从何时开始的呢，这个问题是智慧不能解答的，我们也无须为之损耗精神，否则将会遭遇到生命有尽、知识无尽的矛盾，从而扰乱内心的平静。所以庄子采取的态度是“知止乎其所不知”，承认它的存在，以不知的态度去顺从它，内心自然会保持平静。

我们来看庄子对天命的认识与态度。庄子说：“不知吾所以然而然，命也。”把这种不知道为什么这样而事实就这样的人生现象称作“命”，甚至直接称作“道”：“已而不知其然，谓之道。”已经是这样而不知道为什么是这样，这就是命，是人无法用智慧解释的，同时又表现为某种必然性。“天下有大戒二：其一，命也；其一，义也。子之爱亲，命也，不可解于心……”命运是天下这大戒，是不可违抗的，犹如子女爱父母的基础是建立在血缘关系上一样牢固。那么怎样来面对命运呢？《德充符》中申徒嘉对子产说过的一段话表明了庄子对命运理解与态度：

> 自状其过，以不当亡者众，不状其过，以不当存者寡，知不可奈何，而安之若命，唯有德者能之。游于羿之彀中。中央者，中地也；然而不中者，命也。

受刑的世俗人为自己的过失辩解，认为自己不该被断足的人很多，而申徒嘉不作辩解，把自己被断足完全归之于命运，申徒嘉断足是由许多因素造成的，他把这许多因素构成的合力归之于某种必然，那就是命运。可以说知命就是对人生中某种必然性的肯定与顺从，从而换取一种平衡的心态，让自己找到一点精神安慰，鼓足勇气活下去。这其中包含着对尘世生活的洞悉与无奈。庄子在《大宗师》中讲到子桑挨饿唱歌的故事：

吾思夫使我至此极者而弗得也。父母岂欲吾贫哉？天无私覆，地无私载，天地岂私贫我哉？求其为之者而不得也。然而至此极者，命也夫！

这又何尝不是庄子自己在唱呢？这是一首贫士感叹命运的歌。命运是对人生困境的最后解释。命运是庄子对人生的真知。

其二，去知可理解为排除俗知。排除俗知的过程也就是获得真知的过程，而去知的具体程序是坐忘，庄子说：

颜回曰："回益矣。"仲尼曰："何谓也？"曰："回忘仁义矣。"曰："可矣，犹未也。"它日，复见，曰："回益矣。"曰："何谓也？"曰："回忘礼乐矣！"曰："可矣，犹未也。"他日复见，曰："回益矣！"曰："何谓也？"曰："回坐忘矣。"仲尼蹴然曰："何谓坐忘？"颜回曰："堕肢体，黜聪明，离形去知，同于大通，此谓坐忘。"

庄子提出忘仁义、礼乐，是对老子思想的继承与发展。老子认为万物皆由道生成，而"道常无为"，道的根本性质是清静无欲的，因此，人的本性也是清静无欲的，是符合大道的。而世俗人所提倡的"仁义礼乐"伤害了人的本性，使人远离了大道，因此要想获得大道，就必须"绝圣弃智""绝仁弃义""绝巧弃利"（《老子·十九章》）庄子在《大宗师》中所讲意而子向许由求道的故事正是对老子"绝仁弃义"这一思想的发展。许由说："而奚为来轵？夫尧既已黥汝以仁义，而劓汝以是非矣。汝将何以游夫遥荡恣睢转徙之涂乎？"须有认为意而子接受了世俗圣人的仁义是非教育，不能得道。反之，要想获得大道，就必须首先去除内心中仁义礼乐、是非等俗见。意而子说："夫无庄之失其美，据梁之失其力，黄帝之亡其知，皆在炉捶之间耳。庸讵知夫造物者之不息我黥而补我劓，使我乘成以随先生邪？"万物生命物化流转，意而子把自己天性的恢复寄托于造物的大道，大道将修复他被仁义是非伤害的本性，通过学习大道来去除仁义是非的俗见。

然而，在现实生活中，又必须使用仁义礼智。《荀子》说："故人无礼则不生，事无礼则不成，国家无礼则不宁。"（《荀子·修身》）国家要生存需要礼，一个人立足社会也必须行礼。所以庄子一方面大谈"忘礼乐"，另一方面又感慨地说："擎跽曲拳，人臣之礼也，人皆为之，吾敢不为邪！为人之所为者，人亦无疵焉，是之谓与人为徒。"但庄子此时行礼的心理是勉强的，因为庄子深知礼是人为的，是伤害人本性的，不过为了不受他人指责而不得不为，他把行礼看成不过是一种生存手段而已，而孔子却不同，恢复周礼是他一生的政治理想。因此，他行礼时带有一种对文化思想上的认同与情感上的真诚，是否习礼是孔子判定君子人格的重要标准。

还有齐是非。在庄子看来，有是非的区别是世俗人痛苦的重要原因。有是非之分，就会产生争夺，导致社会混乱，所以要齐是非。庄子说："民湿寝则腰疾偏死，鳅然乎哉？木处则惴栗恂惧，猨猴然乎哉？三者孰知正处？民食刍豢，麋鹿食荐，蝍蛆甘带，鸱鸦耆鼠，四者孰知正味？……猨猵狙以为雌，麋与鹿交，鳅与鱼游。毛嫱丽姬，人之所美也，鱼见之深入，鸟见之高飞，麋鹿见之决骤。四者孰知天下之正色哉？自我观之，仁义之端，是非之涂，樊然殽乱，吾恶能知其辩！"这是用人与动物之间不同的生活习惯和审美标准来否定人类存在一定的是非标准。此外，在庄子看来，是非产生的根本原因在于人的成心，"未成乎心而有是非，是今日适越而昔至也。"所以庄子要求对自己已有的知识、观念进行反省，他批评众人只知"求其知之所知，莫知求其知之所不知"。庄子认为一个人通过泯灭事物之间的差别，才能摆脱生死、祸福、美丑等差别给自己精神上造成的种种羁绊。这就是庄子提倡万物一齐的最终目的。

4. 法家学派的知行观

韩非子说，"道者，万物之所然也，万理之所稽也""万物各异理，而道尽稽万物之理"（《韩非子·解老》）。理是事物的具体规律，道是万事万物规律的总和。在对道、理的认识基础上，韩非提出"缘道理"的学说，他说："夫缘道理以从事者，无不能成。无不能成者，大能成天子之势尊，而小易得卿相将军之赏禄。夫弃道理而忘举动者，虽上有天子诸侯之势尊，而下有猗顿、陶朱、卜祝之富，犹失其民人而亡其财资也。"遵循道理办事就会成功，反之，则会失败。在韩非看来，认识事物的规律是行动取得成功的前提。他说："思虑熟，则得事理。……得事理，则必成功。"（《韩非子・解老》）

二、汉唐时期的知行学说

董仲舒是西汉时期非常重要的思想家，他上承孔子、下启朱熹，是儒学思想发展中的关键人物，其主要代表作是《春秋繁露》《天人三策》。周桂钿先生认为，董仲舒的思想体系可以用"屈民而伸君，屈君而伸天"（《春秋繁露・玉杯》）这两句话来概括，"这个'民'，主要是指那些地方上有政治实力的诸侯国王"。[①]董仲舒认为，宇宙万物的产生运动都是天的意志的表现，人的行动只能以"天意"为准则。人按照天意行动就会取得好的结果，违反天意则将受到惩罚。因此，董仲舒的知行观的核心问题在于认识"天意"，依照"天意"而行动。

那么，如何认识"天意"呢？观察物象以认识天意。董仲舒认为，"人副天数"（《春秋繁露・人副天数第五十六》），"天亦有喜怒之气，哀乐之心，与人相副。以类合之，天人一也"（《春秋繁露・人副天数第五十六》）。认识天意最高明的方法是通过内省直接认识道或本心。"道莫明省身之天"（《春秋繁露・为人者天第四十一》），"故聪明圣神，内视反听，言为明圣，内视反听，故独明圣者知其本心皆在此耳。"（《春秋繁露・同类相动第五十七》）

董仲舒认为，爱人是道德实践，如果没有智慧，爱人则没有差别。而

① 周桂钿. 春秋繁露［M］. 北京：中华书局，2011：3.

爱是有差等的。如果只有知识而不仁爱，虽然知道什么是善但不会去做。仁爱是用来爱人类的，智慧是用来为人类除害的。董仲舒说：“仁而不智，则爱而不别也；智而不仁，则知而不为也。故仁者所以爱人类也，智者所以除其害也。”（《春秋繁露·必仁且智第三十》）不论道德实践还是社会实践，首要的就是要培养智慧。董仲舒说：

> 何谓智？先言而后当。凡人欲舍行为，皆以其智先规而后为之。其规是者，其所为得其所事，当其行，遂其名，荣其身，故利而无患，福及子孙，德加万民，汤、武是也。其规非者，其所为不得其所事，不当其行，不遂其名，辱害及其身，绝世无复，残类灭宗亡国是也。故曰莫急于智。智者见祸福远，其知利害蚤，物动而知其化，事兴而知其归，见始而知其终。（《春秋繁露·必仁且智第三十》）

人们要采取或放弃某项行动，都先用智慧来谋划然后再去做。谋划正确的人，行为合乎他想完成的事业，与他的品行相当，能成就他的名声，使他自身荣耀。因此，行动之前的谋划特别重要。而有智慧的人有远见，“见祸福远，其知利害蚤，物动而知其化，事兴而知其归，见始而知其终”，因此，不论道德实践还是社会实践，“莫急于智”，即培养智慧。

董仲舒说：“天之生人也，使人生义与利。利以养其体，义以养其心。心不得义不能乐；体不得利不能安。义者心之养也，利者体之养也。体莫贵于心，故养莫重于义。义之养生人大于利。”（《春秋繁露·身之养重于义第三十一》）董仲舒认为，义养心，利养体，心比身体贵重，养心比养体贵重，因此，义对于人生的意义大于利。但是，“民不能知而常反之，皆忘义而殉利”，而人们之所以忘义求利，是因为“其知之所不能明也”，他们的智慧不够明达。董仲舒举例说：

> 今握枣与错金以示婴儿，婴儿必取枣而不取金也。握一斤金与千万之珠以示野人，野人必取金而不取珠也。故物之于人，小者易知也，其于大者难见也。今利之于人小而义之于人大者，无怪民之皆趋利而

不趋义也。固其所暗也。(《春秋繁露·身之养重于义第三十一》)

婴儿取枣而不拿钱币，野人拿金子而不取价值千万的珠宝，价值意义小的容易被人了解，价值意义大的难以被人们看到，义与利也是这样，人们容易看到小利给人带来的好处，而不容易理解义之于人生的重大价值，这是一般人所不理解的。

要想教化百姓，使得人们践行道义，还得使人们了解义之于人生的价值与意义。对传统美德的提倡还在于对传统美德价值的阐发，人们对传统美德价值的理解、认同。董仲舒说，“圣人事明义，以照耀其所暗，故民不陷”，“先王显德以示民，民乐而歌之以为诗，说而化之以为俗。故不令而自行，不禁而自止，从上之意，不待使之，若自然矣”。(《春秋繁露·身之养重于义第三十一》)

王充是东汉前期重要的思想家，先祖曾“从军有功，封会稽阳亭，一岁仓促国绝”，后来“以农桑为业”“以贾贩为事”。他写了很多著作，保存下来的只有《论衡》一书。王充认为，世俗有很多言论不以事实为根据，这种言论就是“虚”“妄”，他作《论衡》的目的是“疾虚妄”。

王充十分重视认识与客观实在的关系。他认为，认识要以客观实在为认识对象，而真正的认识必须与客观实在相符合，《论衡》中《知实》《实知》两篇的篇名就反映了这一点。那么，如何去认识客观实在呢？王充主张：“实者，圣贤不能知性，须任耳目以定情实。”(《论衡·实知》)也就是说，事物的实际情况要通过耳目闻见来确定，但是，王充认为，耳目闻见虽然是认识的来源，但耳目闻见所认识的可能只是虚幻的现象，对事物本质的认识还需理性地加以把握。《薄葬》载：“夫论不留精澄意，苟以外效立事是非，信闻见于外，不诠订于内，是用耳目论，不以心意议也。夫以耳目论，则以虚象为言，虚象效，则以实事为非。是故是非者不徒耳目，必开心意。”此外，王充还认为，所掌握知识是否可靠还应当以实践的效用为标准。他说：“事莫明于有效，论莫定于有证。”

在伦理道德领域，王充主要考察了对于人性的知与行。王充认为：“性善者，不待察而自善；性恶者，虽能察之，犹背礼畔义，义挹于善不能为也。”（《本性篇》）性善的人不需要去认识自身的善，自然行善；相反，性恶的人，虽能认识到礼义是人的本性，还是违背礼义，不去行善。所以，贪婪的人能够谈论廉洁，喜欢惹事的人能够谈论安定，盗跖也能谈论贤能，但是他本性邪恶，于善无助。据此推论，按照王充的观点，“察己”或者说认识本性并不是人性修养中的条件。当然，这一认识并不是深度认识，并不是与修养相扶持的认识，而只是一种察觉、察知，自然对于人性修养没有太大的助益。

汉代哲学致力于宇宙万物生成的探索，魏晋玄学则把汉代的元气自然论推进到本体论的阶段，而隋唐哲学最重要的贡献则是把心性论推向新的高度，隋唐佛教特别是禅宗对于心性论的探索最为深广。

唐代禅宗的创始人是慧能，慧能主张顿悟成佛说。慧能认为，人人都有清净的佛性，都能成佛，不能成佛的原因在于人们都有“妄念”，一切烦恼由于妄念而产生，慧能说：“迷人于境上有念，念上便起邪见，一切尘劳妄念，从此而生，……故此法门，立无念为宗。”（《坛经》）既然烦恼皆由“妄念”而生，“无念”便成为成佛的主要途径。什么是“无念”，慧能说：“于一切境上不染，名为无念。”“无念”就是在认识和处理事物时不去添加自己的主观成见和欲望。慧能强调，“无念”不是“百物不思，念尽除却”，“无念”不是不要任何思维意识，人的生命状态正体现于思想意识，“一念断即死”。“无念”的真实含义在于：“无念者，于念而不念。”“无念”是对“念”的不执着，虽然接触外界，同时又保持内心不受外界的影响。同时，“无念”还意味着用佛教的真理来认识世界，慧能说：“真如是念之体，念是真如之用。自性起念虽即见闻觉知，不染万境而常自在。”

在以往的佛教修行实践中，“坐禅”是一种主要的方法，慧能对此并不赞同，他认为，禅定并不需要固定的形式，在任何时候，不论行住坐卧，只要能保持没有“妄念”就都是禅定。慧能说:“何名坐禅?此法门中,一切无碍,外于一切境界上念不起为坐,见本性不乱为禅。……外离相即禅,内不乱即定,外禅内定,故名禅定。”

三、宋明清时期的知行观

宋代的思想家把古代儒学经典《大学》《中庸》两篇抽取出来,强调“知先行后”,主张“知常在先”“须以知为本”“能知必能行,不知不能行”,这是两宋时期占据统治地位的知行理论。这种理论以程颐、朱熹为代表。

张载把知分为“见闻之知”与“德性之知”,他说:“见闻之知乃物交而知,非德性所知,德性所知,不萌于见闻。”(《正蒙·大心篇》)闻见之知是感官认识,是一种有关外物的具体的知识,而德性之知是有关性与天道的知识,一种有关道德修养的智慧。张载对知识分类的观点为程颐所接受。程颐说:“闻见之知,非德性之知,物交物则知之,非内也,今之所谓博物多能者是也。德性之知,不假闻见。”(《二程遗书》第二十五)

“格物致知”是程颐的认识论的主要内容。“格物”即“穷理”,程颐说:“格犹穷也,物犹理也,犹曰穷其理而已也。”(《二程遗书》第二十五)“穷理”的目的不是为了认识客观的事物,而是为了认识自己,“观物理以察己”(《二程遗书》第十八)。“穷理”的途径有很多,“或读书明理,或论古今人物别其是非,或应事接物处其当,皆穷理也”(《二程遗书》第十八),但程颐认为,“格物之理,不若察之于身,其得尤切”。(《二程遗书》第十七)据此可知,程颐讲的“格物穷理”,主要是一种修养论。

在知行关系上,程颐主张知先行后。程颐说,“君子以识为本,行次之”(《二程遗书》第二十五),“须是知了方行得”(《二程遗书》第十八),“须是识在所行之先。譬如行路,须得光照”(《二程遗书》第三);“不致知,怎生行得?勉强行者,安能持久?”(《二程遗书》第十八)程颐所说的“知”,是对心中固有之理的“知”,“行”是对此理,也即伦理道德的践行。

在程颐看来，人做坏事，只是因为不知，如果知道是不善的还去做，便不是“真知”，总之，能知必能行。“人为不善，只是不知”（《二程遗书》第十五），“人知不善，而犹为不善，是亦未尝真知；若真知，决不为矣”（《二程遗书》第二上），“知而不能行，只是知得浅”（《二程遗书》第十五），“知之深，则行之必至，无有知之而不能行者……学者须是真知，才知得是，便泰然行将去也”（《二程遗书》第十八）。

“真知”是要“实见”，经过了实践的“知”方才是“真知”。程颐说：“至于执卷，莫不知说礼义；又如王公大人，皆能言轩冕外物。及其临利害，则不知就义理，却就富贵。如此者，只是说得不实见。”（《二程遗书》第十五）“昔若经伤于虎者，他人语虎，则虽三尺童子，皆知虎之可畏，终不似曾经伤者，神色摄惧，至诚畏之，是实见得也。”（《二程遗书》第十五）程颐在“知为本”的基础上把知行二者统一起来，只要内心彻底地知，行自然而然就发诸外。黄宗羲说：“伊川先生已有知行合一之言也。”（《宋元学案》卷十五）

程颐在强调“知”对于“行”的作用，强调知易行难的同时指出，要获得“真知”来之不易。程颐说：“故人力行，先须要知。非特行难，知亦难也。”（《二程遗书》第十八）

南宋著名理学家朱熹在知行观上继承了程颐，同时又更为全面、系统。朱熹说，他的《格物补传》是“窃取”程子之意，这个程子是指程颐。在朱熹看来，知行是为学的关键，他说：“大抵学问只有两途，致知力行而已。”（《朱子文集》卷四八《答吕子约》）

如何“致知”，朱熹主张“格物致知”，他在解释“格物”时说，“物，谓事物也……眼前凡所应接底都是物”（《朱子语类》卷十五）这和程颐“不拘性内性外，凡眼前无非是物”的观点一致。“格谓至也，所谓实行到那地头……格物者，格，尽也。须是穷尽事物之理。”（《朱子语类》卷十五）朱熹虽说一草一木都有理，都可以格，但他强调格物“须有缓急先后之序”，最紧要的莫过于“穷天理，明人伦，讲圣言，通世故”（《文集》卷三九《答陈齐仲》）。关于“力行”的“行”，朱熹指出：“凡日用之间，动止语默皆是行处。”（《朱子语类》卷十三）总之，知是对自己心中固有的理的认识，行是行其所知，以所知之理来指导自己的行动。

就知行关系而言，行是知的目的。朱熹说，“夫学问岂以他求，不过欲明此理而力行之耳”（《文集》卷五四《答郭希吕》），“未能行，善自善，我自我。”（《朱子语类》卷十三）知是行的动力。朱熹说，“若讲得道理明时，自是事亲不得不孝，事兄不得不弟，交朋友不得不信”，反之，“方其知之，而行未及之，则知尚浅”（《朱子语类》卷九）。行检验知。朱熹说：“欲知知之真不真，意之诚不诚，只看做不做，如何真个如此做底，便是知至、意诚。”（《朱子语类》卷十五）

归纳说来，知与行相辅相成。朱熹说，“知与行工夫，须着并列，……二者皆不可偏废。如人两足，相先后行，便会渐渐行得到；若一边软了，便一步也进不得，……知之愈明，则行之愈笃；行之愈笃，则知之益明”（《朱子语类》卷十四）。

在强调知行相辅相成的关系时，朱熹强调，就知行先后说，知先于行；就知行轻重说，行重于知。朱熹说：“知行常相须，如目无足不行，足无目不见。论先后，知为先；论轻重，行为重。”（《朱子语类》卷九）

在宋明理学中，除程朱一派之外，还有以王阳明为代表的心学一派，王阳明主张“知行合一”。为什么要提倡“知行合一”，王阳明说：“我今说个知行合一，正要人晓得一念发动处，便即是行了。发动处有不善，就将这不善的念克倒了，须要彻根彻底，不使那一念不善潜伏在胸中。此是我立言宗旨。”（《传习录下》）王阳明提倡“知行合一”，是为了净化人心，使得人心向善。

从思想渊源上来看，王阳明“知行合一”的学说是对程朱知先行后说的批评，王阳明说：“今人却将知行分作两件去做，以为必先知之，然后能行。我如今且去讲习讨论做知的工夫，待知得真了，方去做行的工夫。故遂终身不行，亦遂终身不知。此不是小病痛，其来已非一日矣。某今说个知行合一，正是对病的药，又不是某凿空杜撰，知行本体，原是如此。”（《传习录上》）宋元以来，人们都信奉程朱理学，治学偏重读书记诵，不注重实际功效，王阳明批评说：“徒蔽精竭力，从册子上钻研，名物上考索，形迹上比拟，知识愈广而人欲愈滋，才力愈多而天理愈蔽。”（《传习录上》）对这种重视知而忽视行的空疏学风，王阳明提出的药方就是“知行合一”，要求人们把道德认识与道德实践结合起来，王阳明说：“就如称某人知孝，某人知弟，必是其人已曾行孝、行弟，不成只是晓得说些孝弟的话，便可称为知孝弟。”（《传习录上》）

此处“知行本体”是王阳明用来代替宋儒“真知”的概念，“本体”指本来意义，是说知与行就其本来意义而言，是互相联系、互相包含的，知包含了行，行也包含知，这就是知行本体。王阳明说：“知是行的主意，行是知的功夫；知是行之始，行是知之成。若会得时，只说一个知，已自有行在；只说一个行，已自有知在”（《传习录上》）“知之真切笃实处即是行，行之明觉精察处即是知。”（《答顾东桥书》）

就意识活动是行为的开始而言，意识是行为过程的初始阶段，可以说就是行；就行为是思想的实践而言，行可以看成认识的终结。知是行的开始，行是知的完成。行为离不开动机，有了一个方案、设计、规划，才有行为；而行为就是为了实现设计好的规划。知包含行，行包含知，知中有行的因素，行中有知的因素，两个范畴互相包含，知行是合一的。知是行的指导，行是知的具体实践。人们的行为总是受特定意识支配，所谓行为，就是将心中的主意付诸实践。王阳明提倡知行合一是为了激励人们去实践。他强调真知必须付诸实践，不付诸行的知不是真知。在王阳明的学说中，知仅指主观意识形态的知，而行不仅指实践行为，还包括心理行为。

“心即理”是王阳明知行合一说的哲学基础，他认为朱熹的“格物”说，“析心与理为二”，承认理在心外，则有一个向外求知的过程，“此知行之所以二也”。在王阳明看来，万事万物的理就在心中，根本不需要一个向外求的过程。王阳明说：“如事父，不成去父上求个孝的理；事君，不成去君上求个忠的理；交友治民，不成去友上民上求个信与仁的理，都只在此心。心即理也。此心无私欲之蔽，即是天理，不须外面添一分。以此纯乎天理之心，发之事父便是孝。发之事君便是忠，发之交友治民便是信与仁，只在此心去人欲、存天理上用功便是。”（《传习录上》）既然“心即理”，穷尽事物之理便不须向外求，只需要修养好自己的天性，行为自然合乎天理。

张世英先生在论及王阳明的知行观在宋明理学上的思想史意义时说：“王阳明以前的一些儒家特别是程伊川和朱熹一派的理学家，其所谓知行虽然主要地仍然是指道德意义上的知行，但比起王阳明来，毕竟还包含西方哲学传统所讲的认识论意义上的认识与实践的含义，所以他们关于知行问题的理论总体来说虽然还是以知行合一的思想为主导，但毕竟还包含把知与行看作是两事而非一事的思想，因为认识论意义上的知与行即认识与实践，的确是可以发生知而不行（即有了认识，但不去实践）或行而不知的情形的。可是道德意义上的知与行则是紧密联系，不可须臾分离的。王阳明专从道德意义上讲知行，几乎不讲认识论意义的知行，所以在他那里，知与行相合一的程度达到了前人所未曾达到的最高峰。”①

王夫之是明清之际重要的思想家，在知行观上，他构建了“行先知后”“知行相资以为用”的知行观。王夫之把《尚书》“知之非艰，行之惟艰”与孔子“先难后获”的思想结合起来，得出了“行先知后”的主张。他说：“《说命》曰：‘知之非艰，行之惟艰。’千圣复起，不易之言也。夫

① 张世英. 哲学导论［M］. 北京：北京大学出版社，2002：293–294.

人，近取之耳自喻其甘苦者也。子曰：‘仁者先难’，明艰者必先也。先其难，而易者从之易矣。先其易，而难者在后，力弱于中衰，情疑于未艾，气骄于已得，矜觉悟以遗后学，其不倒行逆施于修涂者鲜矣。知非先，行非后，行有余力而求知。圣言决矣，而孰与易之乎？”（《尚书引义·说命中二》）

王夫之虽然肯定知行有分界的地方，但他反对将知行分作两截，他肯定行是知的基础和来源，反对离行而谈知。与此同时，他还强调，事情往往不是先学好了再做，而是做起来再学，在做中学。他说：“盖天下之事，固因豫立，而亦无先知完了方才去行之理。”（《读四书大全说》卷一）

王夫之除了用古代文献来论证知先行后之外，还用日常生活中的例子来证明这一点。他说：“今夫饮食之有味，即在饮食之中也。知其味而后安于饮食，饮之食之，而味乃知。”（《四书训义》卷二）王夫之批评王阳明知行合一的学说，他认为，王阳明所讲的知行概念并非认识论意义上的知行，不是从行中得来的知，不反映客观内容的知，所谓“知者非知，然而犹有其知也，亦倘然若有所见也”。并且，王阳明“以知为行，则以不行为行”，完全排斥“以身心尝试”的实践活动。其次，王夫之认为，王阳明知行合一实质是“销行以归知”，完全取消了行，把行归到知里面去，是一个以知为起点和终点的始终不超过主观意识范围的封闭的圆圈。

王夫之强调，行是知的来源、基础。他说：“行而后知有道，道，犹路也。”（《思问录·内篇》）道即规律，人只有通过行，才能认识事物的规律，犹如走路，只有走才能找到路。行能发挥知的实际作用。王夫之说：“且夫知也者，固以行为功者也；行也者，不以知为功者也。”（《尚书引义》卷三《说命中二》）行是检验知的手段。王夫之说：“行焉可以得知之效。”（《四书训义》卷九）行是知的目的。王夫之说：“知之尽，则实践之而已。实践之，乃心所素知，行焉皆顺。”（《张子正蒙注·正当篇》）王夫之认为，在认识过程中，行高于知，行处于主导地位。他说：“行可兼知，而知不可以兼行。”（《尚书引义》卷三《说命中二》）王夫之强调行对知的决定作用，同时也重视知对行的反作用。

四、近现代的知行观

方克立先生认为：“中国近代资产阶级在认识论领域达到的最高理论成果是孙中山的知难行易说。这一学说的提出，标志着对中国封建时代传统的知行观念的真正突破，而赋予它以近代民主和科学的崭新内容。在中国哲学史上，知行问题完全摆脱宗教和道德论的纠缠，被当作纯粹的认识论问题来自觉地加以探讨，这确乎是第一次。因此，它的意义可以说是划时代的。”①

孙中山的知行学说主要见于《建国方略》一书，该书分两部分：第一，心理建设，又名“孙文学说——行易知难”；第二，物质建设，又名“实业计划”。孙中山认为，“心也者，万事之本源也”②，“建国之基，当发端于心理”，“夫国者人之积也，人者心之器也，而国事者，一人群心理之现象也。是故政治之隆污，系乎人心之振靡。”可见心理建设在孙中山《建国方略》中的重要地位。

孙中山之所以如此重视心理建设，主张行易知难，与他所面临的社会形势有关。孙中山说：“革命初成，党人即起异议，谓予所主张者理想太高，不适中国之用；众口铄金，一时风靡，同志之士悉惑焉。”由于孙中山主张的三民主义、五权宪法得不到革命同志的支持，革命建设没有得到开展，孙中山对这一政治形势感到严重不满，他严厉批评说：“夫革命之有破坏，与革命之有建设，固相因而至、相辅而行者也。今于革命破坏之后，而不开革命建设之始，是无革命之建设矣，……不能行革命之建设，其效果不过以新官僚而代旧官僚而已。其于国家治化之源，生民根本之计，毫无所

---

① 方克立. 中国哲学史上的知行观［M］. 北京：人民出版社，1982：336.

② 孙中山. 建国方略［M］. 北京：中华书局，2011：4.

补，是亦以暴易暴而已。”

总结革命初成、革命建设无成的主要原因，孙中山认为，主要是心理上的原因，他说：“满清之颠覆者，此心成之也；民国之建设者，此心败之也。”而造成此一“败心”的思想渊源在于“知之非艰，行之惟艰”之说。孙中山说：“夫革命党之心理，于成功之始则被‘知之非艰，行之惟艰’之说所奴，而视吾策为空言，遂放弃建设之责任。”

为了振奋人心以推动革命建设，孙中山试图从多方面证明“知易行难”似是而非，“知难行易”符合真理。在孙中山看来，“倘能证明知非易而行非难也，使中国人无所畏而乐于行，则中国之事大有可为矣”。孙中山甚至说，发明“行易知难”，是救中国必由之道。既然论证“知难行易”有着如此重大的理论意义和政治意义，那孙中山又是如何加以论证的呢？

首先，孙中山从横的方面，即社会生活中的十件事加以论证。十事以饮食、用钱、作文三事论证最为详细。孙中山总结说：“此三事也，人类之行之不为不久矣，不为不习矣，然考其实，则只能行之，而不能知之。而间有好学深思之士，专从事于研求其理者，每毕生穷年累月，亦有所不能知。是则行之非艰，而知之实艰，以此三事证之，已成为铁案不移矣。”为了进一步证明“知难行易”，孙中山还从建屋、造船、筑城、开河、电学、化学、进化这七件事加以证明。

其次，孙中山从纵的方面，即人类历史的进化发展论证“知难行易”，鼓舞人们“不知亦能行”“能知必能行”“有志竟成”。孙中山对整个人类进化的历史进行了分期。他说：“人类进化分为三个时期：第一由草昧进文明，为‘不知而行’之时期；第二由文明再进文明，为‘行而后知’之时期；第三自然科学发明而后，为‘知而后行’之时期。”

孙中山对于原始人类“不知而行”中所蕴藏的探索、冒险精神大为赞赏，由此得出“不知亦能行”的思想主张，并认为此一精神对于推动国家富强、文明发展有着非常重要的意义。孙中山说，“人类之进步，皆发轫于不知而行者也”，“夫习练也，试验也，探索也，冒险也，之四事者乃文明之动机也。生徒之习练也，即行其所不知以达其欲能也。科学家之试验也，即行其所不知以致其所知也。探索家之探索也，即行其所不知以求其发见也。伟人杰士之冒险也，即行其所不知以建其功业也。由是观之，行其所不知者，于人类则促进文明，于国家则图致富强也。是故不知而行者，不独为人类所皆能，亦为人类所当行，而尤为人类之欲生存发达者之所必要也。”

回顾中国历史，孙中山把中国的历史文化看成一部“退步史”，而“退步”的造成，源自“知之非艰，行之惟艰”的古说，人们逐渐丧失了原始的“不知而行”冒险精神与“以行而求知、因知以进行”的实践精神。孙中山说：“中国由草昧初开之世以至于今，可分为两时期：周以前为一进步时期，周以后为一退步时期。……三代以前，人类浑浑噩噩，不识不知，行之而不知其道，是以日起有功，而卒底于成周之治化，此所谓‘不知而行’之时期也。由周而后，人类之觉悟渐生，知识日长，于是渐进而入于‘欲知而后行’之时期矣。适于此时也，‘知之非艰，行之惟艰’之说渐中于人心，而中国人几近忘其远祖所得之知识皆从冒险猛进而来，其始则不知而行之，其继则行之而后知之，其终则因已知而更进于行。古人之得其知也，初或费千百年之时间以行之，而后乃能知之；或费千万人之苦心孤诣，经历实验而后知之。而后人之受之前人也，似于无意中得之。故有以知为易，而以行为难，此直不思而已矣。当此‘欲知而后行’之时代，适中于‘知易行难’之说，遂不复以行而求知，因知以进行。此三代之后，中国文化之所以有退无进也。”

总结中国近代史，孙中山认为：“夫中国近代之积弱不振、奄奄待毙者，实为‘知之非艰，行之惟艰’一说误之也。”他分析人们的心理说：“始则欲求知而后行，及其知之不可得也，则惟有望洋兴叹，而放去一切而已。间有不屈不挠之士，费尽生平之力以求得一知者，而又以行之为尤难，则虽知之而仍不敢行之。如是不知固不欲行，而知之又不敢行，则天下事无可为者矣。此中国积弱衰败之原因也。”只是一句“不敢行”概括了中国积弱衰败的原因，这仍是人类原始的冒险精神的丧失。

此外，孙中山还对比中外变法，指出“不知而行”的冒险精神的时代价值。孙中山说：“夫维新变法，国之大事也，多有不能前知者，必待行之成之而后乃能知之也。是故日本之维新多赖冒险精神，不先求知而行之，及其成功也，乃名之曰维新而已。中国之变法，必先求知而后行，而知永不能得，则行永无其期也。”

作为一名政治家，不论如何抽象玄远的思想论证与思想主张最后落脚点仍是现实政治。就孙中山而言，便是通过对“知易行难”的驳斥与“知难行易”的论证，鼓舞革命同志参加革命建设。

类比人类进化的三个时期，孙中山从人的智识能力，把人分为三种，“其一先知先觉者，为创造发明；其二后知后觉者，为仿效推行；其三不知不觉者，为竭力乐成”，“倘使我国之后知后觉者，能毅然打破‘知之非艰，行之惟艰’之迷信，而奋起以仿效，推行革命之三民主义、五权宪法，而建设一世界最文明进步之中华民国，诚有如反掌之易也。”联系前后，孙中山制定建国方略；引导暂时不能深刻理解其革命构想的革命同志推行其建国方略，进行革命建设。革命建设迫在眉睫，既然革命同志暂时不能理解其建国方略，那就先去行，在行中知，在革命建设中理解建国方略，然后再根据已有的理解，进一步去推行革命建设，即因知而更进于行。这就是孙中山所提倡的“其始则不知而行之，其继则行之而后知之，其终则因已知而更进于行”。

就具体政治措施而言，“不知亦能行”体现为，“欢迎外资，欢迎外才，以发展我之生产事业”，“实业发达，民生畅遂，此时普及教育乃可实行矣”，“若必俟我教育之普及、知识之完备而后始行，则河清无日，坐失良机”。

综上所述，孙中山从社会生活“十事”入手，论证了“行易知难”的学说，并把人类文明进化划分为“不知而行”“行而后知”“知而后行”三个时期，把中国积弱衰败的原因归结为“知之非艰，行之惟艰”学说所造成的诸种“不敢行”。为了鼓舞革命同志推动革命建设，孙中山大力弘扬“不知而行”冒险精神与“以行而求知、因知以进行”的实践精神，并提出了“不知亦能行”落实于现实政治的具体主张。

对于孙中山知难行易学说的哲学意义，后来的哲学家做出了分析。冯友兰先生指出，“‘知易行难’与‘知难行易’这两个命题，各有其应用范围。如各守其范围，这两个命题，都是可以说底，而且都是真底”，“古人说：知易行难，是就道德方面底知行说。近人说知难行易，是就技术方面底知行说。就道德方面底知行说，确是知易行难。就技术方面底知行说，确是知难行易”（冯友兰《论知行》）。就“知易行难”与“知难行易”二者的意义而言，冯友兰指出：“在技术方面，我们应当知‘知难行易’，如此我们可以不以经验自限。对于已知其然者，还要进而知其所以然。在道德方面，我们应当知‘知易行难’，如此我们可以不以空言为自足，必要使空言进而为实事。”

贺麟认为：“就比较知行之难易言，必须在同一范围内，就同一人对同一事的知行两方面而比较其孰难孰易。”[①]贺麟指出，孙中山“分析知识与德行的逻辑关系，消极方面说明知易行难不能亦不应适用于道德方面，积极方面说明知难行易说必应适用于道德方面”。

贺麟提出了“知行合一新论”，他对知行概念有个新的界说：“‘知’，指一切意识的活动。‘行’，指一切生理的活动。任何意识的活动，如记忆、感觉、推理的活动，如学问思辨的活动，都属于知的范围。任何生理的动作，如五官四肢的运动固属于行，就是神经系的运动，脑髓的极细微的运

① 贺麟. 五十年来的中国哲学［M］. 上海：上海人民出版社，2012：168.

动，或古希腊哲学家所谓火的原子的细微运动（gentle motion），亦均属于行的范围。”贺麟揭出他所谓知行合一的根本意旨：“知行合一乃指知与行同为同一心理生理活动的两面。知与行既是同一活动的两面，当然是两者合一的，若缺少一面则那个心理生理的活动便失其为生理心理的活动。知与行永远在一起，知与行永远互相陪伴着。”

把知行问题与认识与实践的问题等同起来，是我们现在的思维模式。对此，当代哲学家张世英有所反思：“我们一提到知行问题，就想到认识与实践，并且认为认识就是指主体认识客体、对象是什么，实践就是改造世界、改造自然，使其为主体服务。但中国哲学史所讲的知行问题是否只是指的这种含义呢？或者更具体地说，是否主要指这种含义呢？其实，这种含义来自西方哲学传统，至于中国哲学传统所讲的知行，主要地不是指这种含义，而是指道德意义的知和道德意义的行。前一种含义的认识与实践问题是一个认识论的问题，后一种含义的知行问题是一个伦理道德问题。中国哲学传统所讲的知行问题主要的是伦理道德问题，当然也包含认识论问题。”

五、知行观的现代意义

（一）人不但应当从自然中学习科学技术，还应注重从精神层面学习自然，以德性智慧统摄科学理性

如洪汉鼎先生所说，“现代的实践概念是以在自然科学中把原理用于实验或转化生产技术为其模式的，但这只是亚里士多德意义上的技术，其特征是目的只在于生产的产品而不在于生产的手段，不是亚里士多德所说的那种‘对于整个善良而幸福的生活有益’的实践智慧”，科学技术只是我们认识世界的一种方式，不能让科技理性宰制生活世界，在此应该重视古人对于知的态度。

老子主张人们应当从精神层面上效法天地，获得天道。老子说："有之以为利，无之以为用。"有形的器物（技术）给人带来便利，无形的道则没有实际的用途，但它可以保证器物（技术）的使用者保持自身的本性，更恰当地使用器物（技术），使得器物（技术）始终在有道者的掌握之下。发挥器物（技术）功用价值的同时，不断地回到本源，从道那里获取智慧，以这种智慧养育心性，即老子所说的"用其光，复归其明"。

水的流动不仅可以启发人们建造电站，把水能转化为电能，与此同时，水还能启发人们理解柔弱胜刚强，持守柔弱，人的肉体、草木的生死等自然现象也可以类比得出此观点。按照现代科学的思维方式，自然与社会是两个不同的领域，分由不同的规律和原则所支配，用老子的术语说，即是天道、人道。而在老子看来，天地宇宙均为道所统辖，在这个大系统下，人的规律与自然的规律并不是割裂的，人与自然之间存在着某种共通的规律、原则，人类总是不断地在折腾，偏离道甚至违背道，而自然却永远因循道而变化，所以，人应当效法天地，回到自己的本源。

（二）对于道德实践而言，行重于知

如亚里士多德所言："我们必须先进行现实活动，才能得到这些德性……我们做公正的事情才能成为公正的，进行节制才能成为节制的，表现勇敢才能成为勇敢的。"伽达默尔也说："人其实是通过他做什么和他怎样行动才成为这样一个已成为如此地、但也是正在如此地以一定方式去行动的人。"反之，"行动既以人为主体，又构成了人的基本存在方式。对人而言，是什么与做什么往往无法相分。历史地看，人的存在形态总是相应于他们在不同历史时期的行动（实践）"（杨国荣：《人类行动与实践智慧》）。就道德意义上的知行关系而言，行重于知。古代思想家行重于知、行了的知才是真知的思想，与当今习总书记提出的"经世致用、知行合一、躬行实践"的时代精神是相呼应的。

与此同时，我们还应当注重对德性的认识。如冯友兰先生所说："真知必能行，知而不行，只是未知。有真知者自然能行""有真知者，如果顺此知之自然发展，则必有行，以继续之。譬如我感觉一种臭气，这是知。如顺此知之自然发展，则我必走开，或掩鼻；这是行。但有时因为别底关系，我不能走开或掩鼻，则我即只有知而无行了。但于此我们亦不能说，我的知非真知。""知"是"行"的动力，人们之所以道德意志软弱，直接原因是内心的欲望，欲望的另一面便是对于"道"，知之尚浅，不能深刻理解道，因此，"知"还不能成为"行"的动力。反之，"行"道日深，欲望日浅，人们对于道的理解也就越深，从而也就越能"行"道。"知"道与"行"道是学道的过程中密不可分的两个方面。

（三）建立身份认同

关于"知止"，《老子·三十二章》说："道常无名。朴虽小，天下莫能臣也。侯王若能守之，万物将自宾。天地相合，以降甘露，民莫之令而自均。始制有名。名亦既有，夫亦将知止。知止可以不殆。"《礼记·大学》说："大学之道，在明明德，在亲民，在止于至善。知止而后有定，定而后能静，静而后能安，安而后能虑，虑而后能得。物有本末，事有终始。知所先后，则近道矣。"儒道两家对"知止"理解的内在精神是一致的，"在现代意义上讲，'知止'就是要回到你自己，回到你自己的'家'，或者说，要建立起自我的认同"，而所谓"自我认同"，就是说，"人处身于社会生活，皆有其相应的角色分位。在你的各种分位上安其本分，行其所当行"（李景林《"知止"三义与文化认同》）。"知止"并不是要求人们安于现状，而是做人要诚实，要本分。当人的身份地位发生变化的时候，知其所止的"止"随之发生变化。可见，只有把知止与知行结合起来，才能更好地"行"。

（四）知识就是力量，道德与力量不可偏废

当今世界，是知识经济的时代，知识是第一位的生产要素，是国家发展重要的软实力。王充提出的“人有知学，则有力矣”（《论衡·效力》）人有了知识就有了力量，知识学问与“农夫之力”“工匠之力”“士卒之力”一样，也是一种力量。王充“知为力”的观点符合现代所说“知识就是力量”的命题，在知识经济高度发展的今天有着重要意义。王充所提出的“德力俱足”的观点，即道德与力量并重不可偏废，深刻而全面，适用于步入知识经济时代的当今社会。

第三章　北京交大“知行”校训的来源

从现存校史资料查证，北京交通大学“知行”校训最早见于 1923 年毕业生纪念册上。在这本完整保存于学校档案馆，名为《北京交通大学癸亥级（即 1923 级）毕业纪念册》的小册子上，我们可以看到当时学校的校旗、校徽上均带有校训的中英文版内容，中文为“知行”二字，英文为“To Know & To Do”。

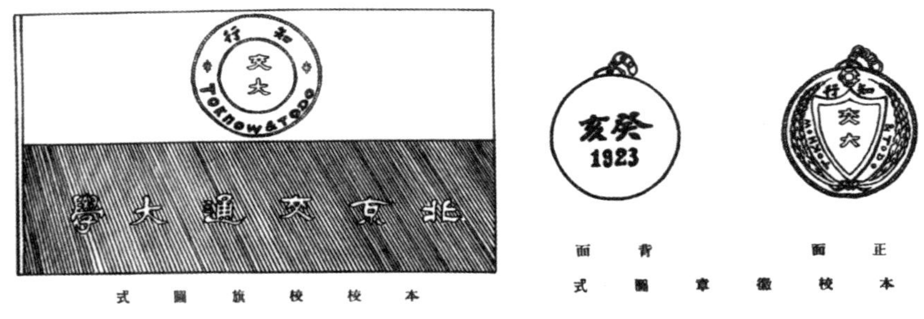

1923 年的校旗和校徽式样

在纪念册所刊载时任校长张福运为纪念册所题的《序》中讲道：“今诸生习兹管理四易寒暑……凡在铁路营业范围以内所需之智识几于无一不备，如能就其所学而覃精其所服之务，则路政之改良迁善将诸生是赖，异日车辙同轨全邦一趋，……固无愧于为学而能致之于用者也。”在学校教务部门负责人的毕业致辞中谈道：“毕业之日，实为始业之日；则夫学以致用，俾国家路政，盛誉于欧风美雨之中，以增高乎国际地位，实为诸生之责。”在纪念册的《发刊宣言》也如此提到：“本大学因属交通方面特殊教育的最高学府之一，也就是培养国家命脉的发源地。我们既能得学以致用的机会，若不本此永续协同一致的精神，实心任事，那就把历届毕业纪念册，堆满了学校里的图书室，也是徒玷校誉，辜负初衷。”由此种种论述，可见当时知行合一、学以致用的理念已为学校师生所普遍认同。

关于“知行”校训的起源，近年来北京交通大学校史专家和相关学者进行了大量研究考证工作，取得了许多有价值的成果。但由于年代久远，可供参考的资料极其有限，目前已很难确证其具体源头。从现存校史资料和已有研究成果来看，20 世纪 20 年代北京交通大学“知行”校训的确立，极有可能受到以下四方面因素的影响。

一、中国传统“知行”观的间接影响

知行观是中国哲学史上的重要命题，从先秦到当代，我国哲学家对于知与行之先后、轻重、难易，各有所辩。最早论述知行关系的是《左传·昭公十年》中的“非知之实难，将在行之”和《尚书·说命中》中的“非知之艰，行之惟艰”。孔子认为“生而知之者，上也；学而知之者，次也；困而学之，又其次也；困而不学，民斯为下矣”（《论语·季氏》)。《墨子·公孟》说：“政者，口言之，身必行之。”老子持“不行而知”的观点，认为“不出户，知天下”。荀子称“不闻不若闻之，闻之不若见之；见之不若知之，知之不若行之；学至於行而止矣”（《儒效篇》)。董仲舒主张知先行后，认为“凡人所欲行为，皆以其知先规而后为之”（《春秋繁露·必仁且知》)。王充认为“如无闻见，则无所状”“不目见口问，不能尽知也”“人才有高下，知物由学，学之乃知，不问不识”（《论衡·实知》)。朱熹主张知先行后，称“知行常相须，如目无足不行，足无目不见。论先后，知为先；论轻重，行为重”（《朱子语类》卷九)。王阳明提出知行合一说，指出“知是行的主意，行是知的功夫，知是行的始，行是知的成”（《传习录上》)，“知之真切笃实处即是行，行之明觉精察处即是知，知行功夫本不可离，只为后世学者分作两截工夫，失却执行本体，故有合一并进之说”（《传习录中》)。王夫之主张行先知后，认为“行可兼知，知不可兼行”(《尚书引义》卷三)，提出“知行相资以为用”“并进而有功”(《礼记》)的知行统一观。

这些朴素的知行观，对当时中国知识分子的影响可谓深远。最典型的例子便是陶行知先生。他原名陶文浚，大学期间因推崇明代哲学家王阳明的“知行合一”学说，改名“知行”，后来又因受中国古代哲学家墨子重感性经验的认识观和美国哲学家杜威实用主义哲学的影响，改名“行知”。因此，北京交通大学时任领导确立“知行”为校训，自然离不开中国传统哲学文化的影响。

陶行知先生

二、学校创建的背景与使命

北京交通大学的前身是铁路管理传习所，始建于 1909 年，是中国近代史上第一所由国家兴办的高等管理学校，创建于清政府在全国民众压力推动下向帝国主义收回路权，准许华商自办铁路之时。它的诞生和发展与当时的国家政治和中国铁路建设的背景息息相关。

1825 年，英国在本国土地上修建了世界上第一条铁路，全长 43.5 公里。由于封建的清政府政治腐败、闭关自守，时隔半个世纪中国才开始修建铁路。1840 年鸦片战争之后，中国逐渐沦为半封建半殖民地国家。为进一步侵略中国，英帝国主义者频频向清政府要求在中国修建铁路，但由于清政府的抵制，这一图谋未能得逞。1876 年英商在上海未经中国政府同意，擅自修建了江湾至吴淞镇铁路，全长 14.5 公里（称吴淞铁路）。这是在中国土地上出现的正式营业的第一条铁路。清政府得知后以事涉主权为由，以 28.5 万两白银赎回并将其拆毁。进入 19 世纪 70 年代，以李鸿章为首的洋务派一改过去反对修路的立场，认为兴建铁路是治国自强之道，积极主张修路。但清政府的顽固派坚决反对，认为修路有百害而无一利，极力阻挠。1881 年，李鸿章提出修建唐山至北塘港铁路，全长 45 公里，通过这条铁路和海运可将河北省唐山开平煤矿生产的煤送至天津港，以供北洋舰队和商船之用，但仍遭到顽固派的阻挠，清政府最后只批准该路自唐山修至胥各庄，全长仅 9 公里，称唐胥铁路，于 1881 年动工，当年建成。这是中国自己筹资修建的第一条铁路。围绕着中国是否应当修建铁路，清政府内部进行了长达 20 年的争论，中国铁路建设极为缓慢，20 年内只修建了 130 公里。直至 1889 年，清政府才把兴建铁路定为国策，修路与反修路之争宣告结束。

1894 年中日甲午战争之后，帝国主义列强见中国软弱可欺，乘机入侵，用强硬手段夺取中国的铁路筑路权和经营管理权，纷纷在中国修建铁路。1895 年法国修筑了滇越铁路，1896—1898 年俄国修筑了中东铁路，英德两国修筑了津浦铁路，德国修筑了胶济铁路。帝国主义列强利用铁路控制中国的经济命脉，掠夺中国的资源。在关系民族生死存亡的重要关头，中国人民于 1904—1907 年发动了一场席卷全国的收回路权的反帝爱国运动，要求清政府废除与帝国主义国家签订的出卖主权的条约，将路权收回各省自办。迫于人民的压力，清政府废除了与美英两国签订的粤汉、苏杭甬（后称沪杭甬）等铁路合同并宣布向民间开放路权，准许华商自办铁路。之后国内一度出现商办铁路的热潮，许多省设立了铁路公司。1906 年，清政府成立了主管路、航、邮、电四政的邮传部。

在此背景下，1907 年，邮传部司员曾鲲化以《上邮传部创办铁路管理学堂书》，建议创办铁路管理学校。同时，邮传部所辖沪宁（上海—南京）、汴洛（开封—洛阳）、道清（道口—清化）、京张（北京—张家口）、广九（广州—九龙）各铁路次第通车，京汉路权也已经收回，急需管理人才，邮传部决定在北京建立铁路管理学校。

1909 年 9 月 10 日，铁路管理学校校舍落成，占地 33 亩，共用白银 1.6 万余两。校址位于京师中心要地，距清宫紫禁城仅二三里。学校北邻西单李阁老胡同（今力学胡同），南邻一墙之隔的邮传部，东邻仅一路之隔的中南海。因校址紧邻邮传部，部内铁路专业人才来校兼课极为便利。校名定为"铁路管理传习所"，这是一所由国家兴办的铁路高等管理学校。

由于学校从创办之日起即肩负起"收回路权""实业救国"的历史使命，其宗旨不同于科举教育培养从政人才，入校学习不是为了"学而优则仕"，不是为了做官，而是培养具有科学知识的实业人才，正如铁路管理传习所管理规则总纲所明确规定的："本所以造就铁路管理人才为宗旨。"学校从一创建，就高度注重理论联系实际，强调知行统一、理论与实践相结合。

课程设置是体现培养目标、实施教育宗旨和办学思想的重要环节。建校之初的铁路管理高等班 3 年共开课 28 门，简易班共开课 9 门。相关课程安排均参照外国经验，同时结合中国铁路的需要而制定，要求简易班学生毕业后能胜任铁路车站站长、副站长、会计员、材料员等职务，高等班学生毕业后能胜任铁路高级管理职务。

铁路管理高等班三年课程安排

第一学年

算学（3）、物理（3）、化学（3）、理财学（3）、铁路契约律（2）、英

文（3）、法文（3）、国文（3）、图画（2）、舆地（2）、中国路政史（1）、商业道德（1）、体操（5）

第二学年

算学（3）、英文（3）、法文（4）、*图画（3）、国文（3）、舆地（1）、中国路政史（1）、商业道德（1）、行车管理（3）、铁路簿记（3）、铁路理财（2）、工程概要（3）、*机械图画（3）、体操（5）

第三学年

英文（3）、法文（3）、国文（2）、商业道德（1）、铁路运转（3）、厂务管理（3）、铁路公司律（3）、机车概要（3）、*汽车概要（3）、*电机概要（3）、测量（1）、测量实验（3）、实习实用公牍（3）、体操（5）

注：① 括号内数字为周学时；② 有*符号者为学期课。

由于当时国内铁路除京张（北京至张家口）铁路由中国杰出工程师詹天佑主持修建以外，大部分为外国人主持修建，如京汉路是比利时贷款修建，京奉路（北京至奉天，奉天即今沈阳）是英国贷款修建，津浦路北段是德国修建，南段是英国贷款修建，而且当时的中国铁路管理大部分由外国人把持，各路局处、课及站段主要行文和电报均用相关外文，要培养中国自己的铁路管理人才，并使他们成为中国铁路的实际管理者，必须掌握相关外语。学校当时开设了高等班和简易班，其中高等班分为英文高等班和法文高等班，简易班分为德文简易班和英文简易班。学校对外语课极为重视，课时很多，高等班每周 6～7 学时，在校 3 年贯穿始终，规定英语班要兼学法语，法语班要兼学英语。为保证教学质量，学校不仅大部分课程采用外国原版教材、用外语授课，还不惜重金聘请了一批外籍教习（当时称教员为教习，外籍教员称洋教习）。据统计，建校初期聘请的洋教习差不多占教师总数的三分之一，其中有教授英文和法文的体蔚拉，教授德文的齐芬塞和海乐韦，教授体操的拉立和丹恩，教授理财契约律、物理和化学的博德斯，教授理财契约、物理和化学的华兰庭，教授英文的柯候朴，教授法文的潘敬，教授工程概要的毕雷士，教授邮政公会的波立地，教授电律的伊立森，教授日文的原冈武，教授有线电工程的中山龙次郎等。

由此可见，从课程的设置到教材的选用，再到教师的延聘，无一不体现学校紧密联系实际、培养实用人才的办学理念。

再从社会实践来看，铁路管理传习所刚刚创建，学校就很注重学生社会实践，强调在实践中教、在实践中学。《铁路管理传习所规则》总纲第三节明确提出："学生毕业后即派往各路实地练习，量才任用，务宜以敦品励学为主，功课务求切实，约束不可稍宽。"

早在邮电班时期，在寒假期间，交通部派全班学生到张家口无线电局实习并参加该局新进口的第一部5千瓦瞬火花式长波无线电发报机的验收工作。为加强学生实践知识和实际操作技能，1913年校内装设有3千瓦瞬火花式电报机的全套设备，与当时北京无线电报局的设备相同，对外可以发报，其通信范围日间可达300英里，夜间加倍。这套设备专供学生实验和学习之用。1917年在校内建立了无线电台，1920年建成了具有较大规模的电台试验实习室，有线、无线收发实习室，以及电话实习室等，以供学生实习之用。这样的设备在当时国内学校中是少有的。学校还组织学生进行郑州电话局交换机实习、通信实习、北京电话东局通信实习等。

为满足教学需要，校内设有交通博物馆。该馆于1914年始建于北洋政府交通部。1928年国民党政府在南京建都，交通部随之南迁，将该馆划归北平铁道管理学院。1936年在校内新建馆舍，馆内有关铁路交通设施实物模型相当丰富，有各种铁路设备、路签机、车站道岔等实物；有各种机车车辆模型；有铁路桥梁、隧道、车站模型等。展品原为4 000余件，新馆建成后达到8 000余件，是当时国内唯一的交通博物馆，也是一个很好的交通教学馆，对学生的学习起了很好的作用。该馆不仅面向本校学生教学需要，还向社会开放，各界来校参观者极为踊跃。如清华大学土木工程系、北洋大学工学院、南开大学的师生等，本市一些中等学校的学生也都来馆参观。

学校的教学安排中有平时的参观实习、暑期实习、毕业实习。如组织学生在京张线南口站进行铁路实习，在西山进行测量教学实习，在济南机厂电机房开展机械实习等。学校制定了严格的实习规则和纪律，实习不合格不能毕业。即使在抗战期间学校内迁平越时那种极端恶劣的战乱环境下，暑期实习仍照常进行，从未中断。

在暑期实习时，学校还要求学生作社会调查。如对某一个城市的商业情况、物价情况、人口情况、房租情况、教育情况等分别进行调查，有统计、有分析，写出调查报告。学生对社会调查非常认真，效果很好。另外，学校还经常从现场请人来校作学术报告，内容均结合铁路实际，如：“统一铁路会计问题”“统一车辆标准问题”等。这对学生知识的增长颇有帮助。

再看当时的毕业学生的论文题。全班 20 余名学生，毕业论文题目均是铁路现实问题，而且题目各不相同。都反映了当时铁路上急需解决的重要课题。

1917 年 1 月，交通部决定将铁路管理传习所分建为“北京铁路管理学校”和“北京邮电学校”。同年 3 月，有线电工程班学生毕业，4 月交通部选派该班邓康等七名成绩优异者及梁彭龄等三名前传习所毕业成绩最优者共十人前往日本实习，其中五人实习测量及电报机械，二人实习线路建设，一人实习电话，一人实习海底电线，一人实习统计。从此，公派学习成绩优良者出国深造的留学制度开始在两校实行。据统计，仅 1919 年，就分别于 2 月派遣邮电学校邓康等五人前往美国实习，赵丽生等九人赴日本留学实习；于 3 月派遣邮电学校庄正权等四名同学留学英国；于 7 月派遣邮电学校周公朴等四人赴美留学，马铁群等三人先赴日本、继赴美国留学实习，王鸿等十人赴日本留学；于 10 月选派铁道学校十人赴日本铁道院实习。

1917—1921 年，路电两校共派出国 51 人，留学方向为当时铁路和经济学科发达的美国、日本、英国和法国。留学制度在北洋政府时期因财政紧张一度中止。1929 年，铁道部根据部长孙科的指示决定，各届毕业成绩第一名学生公派出国，并决定凡 1928 年以前各届第一名毕业生尚未出国者，依章补派。交大平院许靖、赵廷杰、刘建钰等 11 人据此赴美留学。同年 12 月，孙科下令凡大学毕业生必须在国内学习一年后方准出国。

选派优秀毕业生出国实习、留学，近距离学习西方先进科学技术，为学校乃至整个国家和社会培养了一大批栋梁之材。

正是由于学校高度重视理论与实践结合，强调做中学，学中做，学校培养的学生一毕业就能很好地适应工作要求，迅速成长为技术和管理骨干。1910 年德文简易班学生 50 人毕业，被派往津浦路北段各车站工作，英文简易班 154 人毕业，被派到津浦路南段及京张、京奉、吉长等路车站工作。1912 年 12 月法文高等班 45 人毕业，被分派到京汉铁路工作，英语高等班 52 人毕业，被分派到京奉、津浦等路工作。他们是中国自己培养的第一代管理人才，其中有许多后来担任铁路车务处长、副处长、车务段长等职。如 1912 年毕业生谭耀宗曾在吉长、四洮、北宁等路任职，新中国成立后任铁道部运输总局专门委员，从事铁路运输工作 40 多年。此外，还有很多杰出人物，如学校早期毕业并公派出国深造的金士宣、赵传云、许靖、杨汝梅、吴绍曾等对运输经济理论造诣精湛，堪称运输界、经济界的大师。他们是中国最早培养出来的管理学科的顶尖人才。

而注重理论与实践相结合的优良传统，成为学校鲜明的办学特色，穿越岁月的长河生生不息，成为交大人代代相传的火炬，积淀出一份深厚的精神内涵与文化底蕴。

三、重要人物的个人影响

一所学校的办学理念，与其领导者或相关重要人物的个人特质密切相关。北京交通大学在创校初期将“知行”列为校训，与孙中山、曾鲲化、叶恭绰等历史人物的个人影响不无关系。

1. 孙中山“行易知难”学说的影响

孙中山是中国近代民族民主主义革命的开拓者，中国民主革命的伟大先行者，中华民国和中国国民党的缔造者，三民主义的倡导者。除了为世人所熟知的对于中国民主革命的杰出贡献外，孙中山先生对于中国铁路事业的发展亦影响深远。

1912 年 2 月，孙中山先生践行诺言将临时大总统职务让给袁世凯时，就曾表示要“舍政事，专心致志于铁路之建筑，于十年之内筑 20 万里之线”，认为“凡立国铁路愈多，其国必强而富”。在让出临时大总统职位的第三天，他便开始了大规模的全国巡回演讲，宣传他的伟大建设计划。在上海“中华民国铁道协会”举办的欢迎会上，孙中山先生强调“今日之世界，非铁道无以立国”。接待记者访谈时，他宣布“现拟专办铁路事业，欲以十年期其大成”。后来，他又受临时政府委托担任全国铁路督办，组建中国铁路总公司，全权筹办全国铁路。孙中山先生不辞辛劳，四处奔波，发表演讲宣传，启发人民，唤醒社会。他经过广泛的调查研究和深入思考，谋划铁路发展大计，作出了“交通为实业之母，铁道又为交通之母”的科学论断，他还强调指出：“今日修筑铁路实为目前唯一急务，民国之生死存亡系于此举。”第一次从宏观层面科学阐述了铁路在国民经济中的重要地位，对于中国铁路建设影响深远。

1917—1920 年期间，孙中山先生先后写成《孙文学说》《实业计划》《民权初步》三部著作（后合称《建国方略》）。其中 1918 年写成的《孙文学说》提出并系统论证了“知难行易”学说，把“行”即实践提到认识论的突出地位，提出“行先知后”说，强调知来源于行，认为人类的知识是一个由“行”到“知”，再由“知”到“行”的过程。他主张“以行而求知，因知以进行”的观点，倡导人们敢于行动，积极投身革命实践。鉴于孙中山先生的显赫身份及其在铁路建设领域的特殊地位，北京交通大学“知行”校训的确立极有可能与其紧密相关。

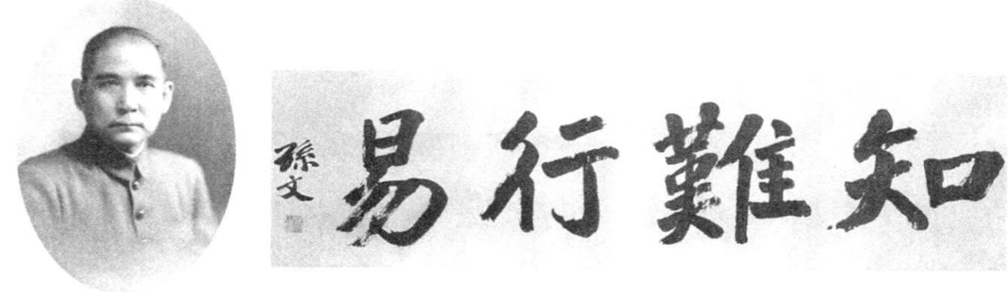

孙中山先生及其手书“知难行易”墨迹

对于这一问题，北京交通大学经济管理学院荣朝和教授作过专门研究，其 2008 年 7 月公开发表于《北京交通大学学报（社会科学版）》上的《北京交大“知行”校训的精神底蕴与孙中山“知难行易”思想的历史价值》一文明确提出，20 世纪 20 年代初北京交通大学确立的“知行”校训，与孙中山当时提出的著名的“知难行易”知行观有直接联系。文章这样说道：

> 根据交大历史和时间上的对应关系，以及当时中国思想界的主要动态，应该可以得出关于“知行”校训的几个主要推断：① “知行”校训的确定一定是 1921—1923 年之间的事情，因为 1923 年的交大校徽上有“知行”校训字样，而 1921 年才有交通大学校名。② 对“知行”校训确定起决定性影响的人一定曾在 1921—1923 年之间主政交大，而当时作为交通部总长的叶恭绰校长是可能性最大的人物。③ 在 1923 年之前应该有对“知行”校训的确定在思想上起决定性影响的活动，而孙中山恰巧在那之前发表《孙文学说》并提出了“知难行易”理论，应该直接影响到“知行”校训的确立。我们不但可以从叶恭绰那篇开学典礼讲话中看出他所推崇的知行理念，还了解到叶恭绰十分尊崇孙中山“交通为实业之母，铁路为交通之母”的实业救国思

想，而且身体力行，孙中山的知行观不可能不对叶恭绰产生影响。再增加对有关题字笔记的辨认，我们还可以得出推断④ 当时校徽和校旗上的“知行”校训字体使用了孙中山的墨迹；甚至更进一步的推断⑤ 1923 年的“知行”校训有可能是交通大学共同的校训。当然，我们希望能够找到更多史料佐证对当年校训确立过程的这些推测。

在孙中山先生提出“知难行易”学说三年之后的 1921 年，在时任交通总长叶恭绰的倡议下，北洋政府将部属跨省区的上海工业专门学校（即今上海交通大学和西安交通大学的前身）、唐山工业专门学校（即今西南交通大学的前身）、北京铁路管理学校和北京邮电学校（即北京交通大学的前身）四校联合，按照西方国家大学制度，组成交通大学，叶恭绰任校长，下设 3 个学校：交通大学北京学校、上海学校、唐山学校。这是一个具有远见卓识的大胆创举，在当时社会上特别是中国教育界产生了轰动影响。

正如前文所谈及，叶恭绰十分尊崇孙中山先生的思想和理念，而且大力践行。因此，作为中国最早大学之一且专门培养铁路人才的高等学府，在当时尊崇孙中山实业救国思想并有着先进办学理念的交通总长兼校长叶恭绰的主持下，把当时“负责督办全国铁路”的孙中山先生“以行而求知，因知以进行”的知行观主张确立为自己的校训，在逻辑关系上是很自然的。

1922 年 6 月，首次合并成立的（其后几所学校又有多次分合）交通大学因北洋政府内部派系争斗而解体。北京学校于 1923 年 3 月重新独立，正式定名为“北京交通大学”，首任校长为张福运。他到任后编订了《北京交通大学通则》，基本上沿袭了《交通大学大纲》的办学精神。张福运与宋子文是哈佛大学同窗好友，而且很认同孙中山的政治思想，这也使其有可能采用“知行”作为校训。从上述《北京交通大学癸亥级（即 1923 级）毕业纪念册》的内容看，张福运也的确继承了“知行”理念，极力主张“学以致用”。

1928年10月4日，南京政府成立铁道部，孙中山之子孙科任铁道部长，交通大学改为隶属铁道部，11月19日，孙科兼任交通大学校长。当时北洋军阀政府留下的铁路系统是一个烂摊子，官员各自为政，贪污腐败，管理混乱，无法统一指挥。孙科于1929年11月来北京学校（当时校名为“北平铁道管理学院”）视察，向师生发表讲话，讲话主题是“铁路与经济及国家之关系”。他向师生介绍了当时的铁路状况，勉励同学们“求学问立志向，以救国、建国。要遵奉总理遗教，努力求学，立定志向，以建设我们国家”。强调学以致用、建设国家。孙科在北平铁道管理学院讲话（摘要）如下：

> 努力之道要在求学问立志向，以救国、建国。要遵奉总理遗教，努力求学，立定志向，以建设我们国家。

有关资料显示，学校1934年、1935年的毕业纪念册上仍刊载“知行”校训，此时校名已改称为“交通大学北平铁道管理学院”。由此推断，“知行”校训在当时至少沿用了一二十年。其存续始终与孙中山先生有着千丝万缕的联系。

2. 学校倡建人曾鲲化的影响

北京交通大学的创建，除了与国家民族发展大势相联系外，还与一个叫曾鲲化的人关系颇深。

曾鲲化先生

曾鲲化，字抟九，湖南新化人，1882 年 6 月生。1901 年在长沙等地求学，以优异的成绩获取官费生资格，东渡日本深造。开始志在学陆军，后因读了日人所著《支那铁路分割案》一书后，深受日本以铁路为灭华新策的刺激。民族的荣辱感，振兴中华铁路事业的使命感，促使他改学铁路。学成归国后入邮传部，历任司员、交通部统计科长、路政司司长、铁路局局长、交通部参事等职。

1907 年，时任邮传部司员的曾鲲化作《上邮传部创办铁路管理学堂书》。书曰：

曾鲲化窃维铁路为专门学问，而管理又为铁路之专科，其业务内容，绝非寻常办事人员所能识其崖略。故英以铁路立国，而人皆归功于勋独烈；美以铁路强国，而人皆归功于顾裕德；日以铁路兴国，而人皆归功于岩仓公，何也?三子者，均以办铁路管理学堂有名，而其国之路界人员胥由其学堂之所自出者也。我国铁路学堂，各省已纷纷创办，然皆以建设、机械二科为限，而主体之管理科反漠然置之。夫管理者支配铁路之总关键也，建设上、机械上一切事务，莫不赖其指挥调度。乃秉路权者办建设、机械而独不办管理一科，推当事者之用心，无非以建设、机械有高深之学问，而管理一科可以不学而能。岂知机械、建设为形势上之学问，尽人易精，管理为精神上之学问，非学而才者不能穷其韫奥。故无建设、机械则铁路不能成，无管理则铁路不能久。况办理铁路以营业为目的，非以工程为目的，营业事实悉属管理范围。近来新政迭举，而利权多操于外人之手者，皆以不知管理法之故，而铁路其尤甚也。今应力祛谬见，使管理与机械、建设并行，庶路政前途有廓清更张之一日。查本部所辖学堂除唐山路矿、郑州实业、上海高等实业以外，尚有拟办之邮电学堂，此外各省所办之铁路学堂，亦不下八九所，较诸日本已多至十倍。然专门学问以求精为要义，我国铁路学堂虽多，而学科优长者实杳不可得，盖无合格之教员使然也。司员以为宜将唐山路矿学堂专办铁路工程科，上海高等实业学堂办铁路、轮船机械科，邮电学问甚浅设传习班已足，可暂以该学堂改办铁路管理科，分永久、速成、传习等班。永久班六年毕业，养成高等职员；速成班年半毕业，任站长、电报、旅客、货物等事；传习班半年毕业，分理挂钩、打旗、搬闸等杂务。一切教员均以本国及外国铁路管理或商科毕业生充当。俟程度稍高，即由教员带领往已成各路实地练习，似此办法，必可收事半功倍之效。是否有当?伏候钧裁。

司员曾鲲化谨上

曾鲲化的上书，充满了真知灼见，对管理理论和倡导创办铁路管理学校进行了精辟、深刻的阐述，对中国铁路管理学校的诞生起到了至关重要的作用。作为学校的倡建者，其思想对学校办学理念之确立无疑具有直接而深刻的影响。事实亦然，其后铁路管理传习所确立的办学精神以及课程开设都大量融入了曾鲲化的铁路管理思想。曾鲲化还亲自在学堂开创并讲授统计学和交通文学两门学科，撰成《统计学教科书》《交通文学》等著作。

实际上，作为一个并不被人熟知的历史人物，纵观曾鲲化的人生历程，其本身就是“知行合一”的光辉典范。《北京交通大学学人典库·杰出校友》之《曾鲲化》一书对此作了系统的梳理，认为“曾鲲化是‘知行合一’的典型人物，他的这个理念成为我校‘知行’校训的起源”。书中这样叙述：

曾鲲化为人做事、坐言起行的核心理念是“知行合一”，是中国铁路史上“知行合一”的光辉典范。哲人云：知者，敏于学而惮于行；行者，常碌于为而讷于知；唯具使命者，方能知行合一。曾鲲化知以致行，行以致知，践知践行，践行践知，行而增知，知而笃行，循回往复，次第进化，最终成就大事。这种“知行合一”理念，融化在他的血液里，落实在他的行动中，伴随他终生。他每一天，每一刻都在履行着“坐言起行”“知行合一”的铿锵承诺。1906 年，曾鲲化历经十个月行遍十五省，行程 4 000 多公里史无前例的“丙午考察”，是中国铁路有史以来第一次全国性的个人铁路实地大考察。这是一个24岁热血青年的爱国壮举，是他的执着和赤诚，在科学的小道上挤出的一片天地，更是一个留学归国学子学以致用的丰硕成果。“丙午考察”使曾鲲化成为既了解各国铁路管理先进理论与实践，又深入洞悉中国铁路现状的第一人，堪称中国铁路史上践行“知行合一”的光辉典范，为他倡建的铁路管理学堂校训奠定了基础。如果说，中国早期铁路管理思想是“知”，丙午考察是“行”，这两者都是他的独创，而他的独创则来自对知行观的深刻理解。可以说，曾鲲化是“知行合一”的典型人物，他的这个理念成为我校“知行”校训的起源。

这一切的一切，无不渗透着曾鲲化刻骨铭心的爱国精神，锲而不舍的“知行合一”精神，严谨治学的钻研精神、敢于争先的首创精神。

3. 交通大学校长叶恭绰的影响

叶恭绰，字裕甫，又名誉虎，字号遐庵，广东番禺人，1881年生，为清末举人，1901年肄业于京师大学堂。历任铁路总公司督办、民国政府交通部路政司司长、交通部次长兼邮政总局局长、北洋政府交通总长。

叶恭绰先生

叶恭绰热心于中国铁路事业，重视人才的培养，尊崇孙中山的实业救国思想。他先后到美、英、法、日等国考察铁路建设经验，并根据外国的经验统一了中国铁路会计制度，推行了铁路负责运输和铁路联合运输，对中国铁路管理的改革做出了重大贡献。叶恭绰高度重视铁路人才培养，亲自主导和推动中国铁路人才培养的重大改革。

一是将交通传习所改组为铁路管理和邮电两所专门学校。中国邮政业务虽然在清朝覆亡那一年独立自成系统，但仍由法国人任邮政总办。邮政总办之上无长官，于是由其独揽大权，竟然规定中国人不得任一省之邮务长及总局之科长。到辛亥革命后的民国，邮政大权则由中国人所掌握。1914年，叶恭绰出任交通部次长兼邮政总局局长，他到任后，首先废除不平等制度，确定邮员等级及用人规则，规定凡招考职员应先尽国人应考，本国大学生应广其录用，并从各省已任副邮务长中提升一批邮务长，全国邮务界为之振奋。为发展中国邮电事业，需进一步加强邮电人才的培养，经叶恭绰推动，交通部于 1917 年 1 月将交通传习所改组为两所专门学校，一为北京铁路管理学校，一为北京邮电学校。两校设在同一校址，各设校长，两校之上由叶恭绰亲自兼任总监督，铁路管理业务人才和邮电业务人才的培养均得到了加强。

二是将部属四所高校合并组建为交通大学。清朝末年，先后创建的上海南洋公学、山海关铁路学堂、北京铁路管理传习所，陆续成为邮传部辖属培养铁路人才的高等学校。清政府覆灭后，北洋政府将邮传部更名为交通部，部属四所学校分别更名和改组为上海工业专门学校（今上海交通大学和西安交通大学的前身）、唐山工业专门学校（今西南交通大学的前身）、北京铁路管理学校和北京邮电学校（北京交通大学的前身）。1920 年，叶恭绰任交通总长，进一步提出改组部属四所高等学校的主张。他认为部属四校人才培养不能适应铁路发展的需要。他说：“近年以来我国交通事业迄无发展，深求其故，实由专门人手缺乏不敷应用。”又说，部属京、沪、唐四校地址分散，缺乏统一组织，学科设置不合理。1920 年 8 月，叶恭绰倡议将部属跨省区的四校联合，按照西方国家大学制度，组成交通大学。将跨省区的几所高等学校联合组成一个统一的大学，这在中国历史上前所未有。“交通”是产业经济的一门行业，以“交通”作为大学的命名，突出办学特色，这也是前所未有的。创办交通大学，是一个具有远见卓识的大胆创举。他提出的关于组建交通大学的议案，于 1920 年 12 月 14 日在国务会议议决通过，并于 20 日上书大总统。《交通总长叶恭绰呈大总统文》曰：

> 兹为统一学制起见，拟将该四校校制课程悉心厘定，分别改良，列为大学分科，而以大学总其成，名曰交通大学。上海、北京、唐山四校悉纳入焉。

1921 年 7 月 1 日，跨越京、沪、唐三地包括四校的交通大学正式成立，大总统徐世昌特意题字送“万汇棣通”匾以示祝贺。9 月 10 日，交通大学下属三校同时开学，叶恭绰亲莅北京学校开学典礼发表讲话，阐述交通大学办学宗旨和办学思想，并对全体交大师生提出三点希望：一是学术独立，不受外力支配；二是学以致用，贵在贡献；三是学术愈精，应用愈广。他在讲话中主张新型大学要将利禄与学术分开，“是故求学术造诣之深，必先以学术为独立之事，不受外界之利诱，而后读书真乐”。他认为“方今科学昌明，无处不有学问，小如砌墙运铁，大如行车造路，莫不含有至理，蓄有精义”，主张研求学术既要有独立境界，又贵在致用，要为人类谋幸福。这一讲话，被后来学校不少校史研究者视为对“知行”校训要义的权威阐释。叶恭绰本人也因此成为可能提出和确立交通大学“知行”校训的重要人选之一。

叶恭绰就任交通大学校长后，主张学习西方教育制度，管理上“师法欧美”，主要采取了以下举措。

① 扩大学校办学自主权。学习欧美高等教育的管理体制，设立董事会。1921 年 2 月，学校制定了《交通大学大纲》，其中第六章为董事会内容。另制定了交通大学董事会章程共计九条，其中有关规定是参照各国大学有关制度而制定的。其用意是为摆脱政潮对办学的干扰。董事会为学校

最高权力机关和立法机关，可决定教育方针、筹划教育经费、决定校长人选。如叶恭绰担任交通大学校长就是由董事会选举决定的。

② 采用西方大学学制。交通大学成立后，设立经济部和理工部，均为大学本科，学制为四年。另设有三年制的专门部。考入经济部或理工部的学生，要先入预科两年。这样在校学程共为六年，和铁路管理学校三年制的高等班相比，学制延长了一倍，学习程度大大提高。同时，实行学位制，经济部和理工部毕业合格授予“学士”学位，专门部毕业合格授予“业士”学位。这是本校历史上实行学位制的开端。

③ 按照“通才”的教育方向办学。“通才教育”是欧美大学的教育方针，通才教育的特点首先是把大学生培养成具有通识的人，其次才是某一方面的专家。大学教育与一般职业教育不同，不应着眼于某一专业的“专识”，而应着眼于“通识”的训练，以便毕业后能够从事更高深、更专门的学问的研究。学校虽然是铁路管理性质的学校，但在所学课程上要求学生在自然、社会与人文各方面都具有广泛综合的知识。即使是学工程的，对政治、经济、历史、地理、社会等也应有一定的知识，交通大学的课程就是仿效欧美“通才教育”的精神而设置的。

④ 采用欧美原版教材，用英语授课。交通大学成立后，教学上采用了大批英、美两国原版教材，而且用英语授课，为此延聘了一大批英、美留学回国专门人才任教。据北京学校1921年教职员表统计，全校教员90人中，曾赴英、美等国留学的有60余人，占教师总数的70%以上，其中不乏哈佛、耶鲁、麻省理工、宾夕法尼亚等世界一流大学的毕业者。学校负责人及职员大部分也是留学生，如1921年北京学校主任为宾夕法尼亚大学毕业的胡鸿猷先生，副主任为威斯康星大学硕士钟锷先生。

全国统一的交通大学解体后，原下属的京、沪、唐三校分别组成直属交通部的三所独立大学。设于北京的北京交通大学，学制仍为本科四年，毕业生仍授予学位，课程设置仍体现通才的教育思想，对教师质量仍然注重，并坚持了严谨治学、注重实践的方针。叶恭绰之办学思想得以延续。

四、欧美一流大学的标杆效应

作为中国最早成立的一批现代大学，由于国内并无先例可循，组成交通大学的几所学校一开始就是按照西方近代教育制度建立起来的，深受欧美一流大学的影响，其办学水平是非常高的。如上海学校的目标是建成“东方的 MIT（麻省理工学院）”，1935 年钱学森校友到 MIT 航空系学习时，发现交大用的大都是 MIT 的原版教材，课程设置也几乎一模一样，要求免修得到批准，只用一年就获得了航空硕士学位。唐山学校 1916 届校友茅以升在康奈尔大学参加毕业及研究生入学考试成绩均是最优，从此该校毕业生可以免试就读康奈尔大学，唐山交大也被称为“东方的康奈尔”，享誉世界。

再以北京学校为例，作为中国第一所专门培养管理人才的高等学校，自 1909 年铁路管理传习所（北京交通大学前身）创立起，学校所开大部分课程即采用外国原版教材、用外语授课，英语、法语、德语课全部由外籍教习教学，一些技术基础课、专业课也由外籍教师讲授。四校联合成立交通大学后，按照叶恭绰校长“师法欧美”的办学思路，北京学校继续大量采用英、美两国原版教材，而且用英语授课，为此延聘了一大批英、美留学回国专门人才任教。据学校 1923 年毕业纪念册中教师名册记载，当年全校共有教师 91 人，除两名美籍教师外，其余 89 名教师中，曾赴美、英、法、德、日等国家留学者共有 65 人，占教师总数的 73%而且其中很多都是来自国外著名大学，如美国哈佛大学、英国伦敦大学、法国巴黎大学、日本帝国大学等。当时全校共有 6 位行政负责人，也全部都有留学经历。

从教学管理上看，1921 年，刚刚成立的交通大学在北京、天津、上海、汉口、广州五地招考，考试科目用英文出题用英文答题，对英文程度要求之高为当时国立大学少见。据当年考入北京学校、后为本校知名教授的学生许靖回忆，“本班 40 名学生中有 3 人是在汉口考取的，其中除我外，另有周家礼和张烈鉴二人，我和周都是武昌两个中学的第一名。张在中学和我同班，平时成绩也在前二三名。”入学后对学生要求也很严格。学期考试将一个班的学生分配在两个大教室内进行，每人独用一桌，以防相互舞弊。据许靖回忆：“一位英文老师考《鲁宾逊漂流记》的时候，其中一部分是听写，他站在教室中部口述，每一字只念两遍，令人大有‘一发千钧，稍纵即逝’之感。他这门课考试下来全班不少人不能及格。”

由此可见，交通大学处处以欧美一流大学为标杆，作为办学理念集中体现的校训受其影响也就不足为奇了。交通大学校训同时出现中英文两个版本，本身就能说明一些问题。特别是前文提到的麻省理工学院，其校训为“Mind and Hand”（既学会动脑，又学会动手），交通大学校训“知行”（To Know & To Do）无论在形式还是内容上都与之极其相似，这应该不会只是巧合。

综上所论，1923 年交通大学毕业纪念册首次出现“知行”校训，不是偶然事件。考虑到叶恭绰与孙中山本人的密切交往与深厚关系，叶恭绰对于孙中山提出的“知难行易”的知行观当有切身体会。又，叶恭绰组建交通大学，并以知行内涵为其文化底蕴寄予人才培养之全过程，我们或可推断，各种因素中，最大的可能便是，在孙中山知行观的直接影响下，叶恭绰提出“知行”作为交通大学的校训。

第四章　百年交大校训变迁史

中日甲午战争后，中国再一次陷入了被瓜分亡国的空前危机。许多有识之士提出通过兴学校、育人才实现救亡图存的报国理想，近代中国的教育风气渐开，一批官立学堂相继成立。交通大学即在这内忧外患的时代背景下应运而生，其前身包括南洋公学、山海关北洋铁路官学堂和铁路管理传习所。1896 年，清廷开明人士盛宣怀奏准于上海创设南洋公学，此为沪校之始；同年，北洋铁路局创办的山海关北洋铁路官学堂为唐校之源；1909 年，邮传部尚书徐世昌于北京创办铁道管理传习所。各校于 1921 年由民国政府交通部主管，组建统一的交通大学。虽然此后在内忧外患的近代历史中学校几经分合、更名和迁址，不过“交通大学”之名却为几校的通称。今天的上海交通大学、西安交通大学、西南交通大学、北京交通大学和台湾新竹交通大学都由此演化而来，五所高校同根同源，天下一家。

校训是一所高校办学传统和文化精神的集中凝练，是了解学校历史发展的独特窗口。在交通大学百十余年曲折迂回、纷繁复杂的发展历史中，各校的校训也先后历经了多次统一、变更和恢复，目前有据可查的就有过十余个校训的表述版本。可以说，校训的演变是交通大学系统诸多变迁、分合的历史见证。

一、北京交通大学的校训变迁

自 1896 年北京铁路管理传习所创办以来，北京交通大学在百十余年的发展过程中，遭遇过多次解体和重组，甚至陷入过濒临亡校的境地，几经坎坷，历尽艰辛，可以说是中国近现代史的充分写照。学校的校训也几经变更，在不同的学校发展时期有不同的内容。

（一）知行

根据目前有证可查的资料，北京交通大学的校训最早明确于1923年，“知行”（To Know & To Do）校训最早见于1923年北京交通大学毕业生的纪念册上，当时学校的校徽、校旗上均有“知行”二字。[①]这是目前已知的“知行”作为交大校训的最早实物。1921年7月，在时任交通总长叶恭绰先生的主导和推动下，交通部所属的四所高校：北京铁路管理学校、北京邮电学校、上海工业专门学校、唐山工业专门学校合并组建为统一的交通大学，下设京、沪、唐三所分校，叶恭绰任交通大学第一任校长。在9月份的开学典礼上，他莅临交通大学北京学校并发表讲话，阐述了他的教育理念和办学主张，在训词中他提到“学术应独立，研究学术当应以学术本身为前提，不受外力支配……所谓学术独立，非与致用分离”，明确提出了“学以致用”“知行统一”的理念和希望，并充分体现于后续的办学实践中，如重视教学实践，强化学生的暑期实习、毕业实习和参观实习等，鼓励学生关注现实问题，力求学有所用，等等。

（二）精勤求学、敦笃励志、果毅力行、忠恕任事

由于北洋军阀派系纷争，叶校长在1922年5月被迫离职，交通大学存在不足一年即解体。1928年6月南京国民政府成立后，交大沪、唐、平三校依次改称为第一交通大学、第二交通大学、第三交通大学，并于9月重组国立交通大学。1929年学校的名字由“交通大学交通管理分院”先后改为“交通大学北平交通管理学院”“交通大学北平铁道管理学院”。

1930年5月，经学校校训专案审查委员会第二次会议通过，交通大

① 高学民. 历史渊源话校训［N］. 科学时报，2010-02-01（8）.

学校训统一为“精勤求学、敦笃励志、果毅力行、忠恕任事”。十六字校训句句都引经据典，传承传统文化的精髓，从求学立志，为人处事等方面给予师生和校友激励和劝勉。“精勤”意在专心勤勉，语出《后汉书•冯勤传》“以图议军粮，在事精勤，遂见亲识。”“敦笃”指敦厚笃实，《左传•成公十三年》记载“勤礼莫如致敬，尽力莫如敦笃。”“果毅”出自《尚书•泰誓下》“尔众士，其尚迪果毅，以登乃辟”，有“果敢坚毅”之意。《论语•里仁》篇“夫子之道，忠恕而已矣”，“忠恕”作“忠诚宽恕”之解。

交通大学虽由三校组建，是一个统一的体系，但由于三所学校历史不同，办学学科各有专长，且京沪唐三地设校，一体化过程困难重重，中间多次经过合并、撤销和更名。三校的组织和管理制度实际上各自独立，很难走向联合。这在校训的变化上也有明显的体现，如 1934 年、1935 年学校的毕业册上刊载的校训是“知行”，恢复到 1923 年最早提出的校训。

抗日战争时期，学校在艰难时世中坚持办学，历经坎坷无数。1938 年到 1946 年间，学校被迫四次内迁，一迁湖南湘潭，二迁湖南湘乡，三迁贵州平越，四迁四川璧山，先后辗转湖南、广西、贵州、四川各省份，总行程超过 8 000 余里，在颠沛流离中求知报国。抗战胜利后，1946 年 4 月，学校迁回北平府右街校址，改称“国立北平铁道管理学院”。抗战期间，学校在恶劣的环境中依然发扬严谨治学的优良传统，传承校训精神的精髓，学术氛围热烈浓厚，赢得了良好的社会声誉。

1939 年 5 月，国民政府教育部突然发出通知，将各级学校的校训统一更换为蒋介石提出的“礼义廉耻”四字。时值抗日战争最艰苦的阶段，国民政府对教育已无暇顾及太多，加之大批高校内迁，在时局动荡中不断迁徙，估计该训令的执行情况参差不齐。从目前的史料来看，几所交通大学也鲜有“礼、义、廉、耻”的校训记录。

（三）团结、紧张、严肃、活泼

新中国成立后，北平铁道管理学院成为新生人民政权接管的第一个专门技术学院，隶属铁道部领导管理，1950 年 9 月改称为“北方交通大学铁道管理学院”，1951 年毛泽东主席亲自为学校题写了校名，后学校校址由府右街迁至西直门上园村。

1952 年，教育部学习苏联教育经验进行高等学校院系调整，铁道部撤销北方交通大学校部，所属北京铁道学院和唐山铁道学院各自独立办学。在高度集中的计划经济和纷乱的政治运动中，教育也成为无产阶级专政的工具，高校管理模式单一，校训也主要响应和追随当时的政治流行语。“团结、紧张、严肃、活泼”成为全国高校乃至各级学校的育人指导，校训在整齐划一的社会环境中失去了自身的特色。

（四）团结、勤奋、求实、创新（团结、勤奋、严谨、求实）

20 世纪 80 年代，改革开放政策的出台不仅带来了经济的高速发展，也带来了文化教育事业的繁荣。1985 年中共中央颁布了《关于教育体制改革的决定》，在加强宏观管理的同时，扩大高校的办学自主权。高等教育逐渐恢复了生机和活力，高校的办学积极性得到极大的调动，在校训方面体现为开始追求个性化和特色化。不过，这一时期的高校校训雷同现象也比较明显。

1999 年由我国著名作曲家王立平创作的北方交通大学的校歌也充分体现了这一校训。“团结勤奋”“严谨求实”“开拓创新”即校训精神的直接反映。

北京交通大学校歌

北方交大，北方交大，百年辉煌，桃李天下。

北方交大，北方交大，巍巍学府，温馨我家。
红果园中，承前启后，思源楼里，意气风发。
团结勤奋，严谨求实，开拓创新，坚韧不拔。
交融世界，通达古今，造福社会，奉献国家。
母校恩泽，如何回报？优良传统，发扬光大。
世纪呼唤，怎样应答？肩负使命，振兴中华。

（五）知行

“知之愈明，则行之愈笃；行之愈笃，则知之愈明。”2003 年，学校恢复使用北京交通大学校名，同时恢复使用“知行”校训，并设立“知行”校训碑，与师生共勉。“崇尚学术，追求真理，知行统一，以知促行”“学理、应用并行注重”的办学理念，向师生明示着做人、做事、做学问的道理。重实践、厚基础的优良学风，“知行统一”“学用并重”的办学传统在代代师生的传承和创新中愈发鲜明充实。

二、上海交通大学的校训

1896 年 10 月，清末著名官办商人、教育家盛宣怀上书清政府阐述培养新式人才的必要性，强调“自强首在储才，储才必先兴学”。12 月获得清廷准允和支持下，盛宣怀在上海捐地筹款，创办了交通大学（上海交大和西安交大）的前身——南洋公学，为近代中国第一所官办大学的建立和发展做出了卓越的贡献。

（一）和厚、肃静、勤奋、整洁

有学者考证认为，南洋公学最早的校训产生于当时主持学校具体事务的首任总理（校长）何嗣焜，1897 年他制定并亲自书写了《南洋公学章程》，对学生的学习要求、生活规范等都作了详细的规定。1898 年，何嗣焜手订校训为“和厚、肃静、勤奋、整洁”。[①]1925 年 11 月，柴骋陆先生在《南洋旬刊》上撰文认为，如果 1897 年南洋公学师范院院歌——《警醒歌》可作为学校校歌的话，那么南洋公学外院的《四勉歌》作为“校训亦无不可”。《四勉歌》的关键词“和厚、肃静、勤奋、整洁”可作八字校训。[②]四条训诫通俗易懂，是对《南洋公学章程》的高度凝练，规范和引导着学生的品行和举止。《四勉歌》内容如下：

和厚。在家敬父兄，出外亲师友。推肥让甘莫争先，服劳忍屈莫退后。和厚之气气如春，春风触处出荣茂。不和不厚如秋冬，秋冬满目成荒瘦。国和一国强，家和一家阜。

肃静。出口要安舒，举足戒驰骋。动时枚马声不闻，静时木鸡眼不瞬。肃静之气像澄波，波澄鉴物无藏影。不肃不静像摇波，波摇顷刻成昏浑。身肃有威仪，心静增聪颖。

勤奋。君子无所争，当仁有不逊。愚柔非虑怠可虑，明强非胜勤者胜。譬彼赴远道，驭骥同发不同轫。又如徙高冈，勇怯异到不异径。一奋无难事，一退落千仞。

整洁。唾涕内则戒，洒扫弟子职。整洁非徒肃观瞻，洁净且能却秽疾。譬彼皎皎月，拨开云雾清光溢。又如油油禾，芟夷稂莠良苗茁。整则有精神，洁则清气血。

（二）勤、俭、敬、信

1907 年，国学大师唐文治先生接任学校校长，在继续坚持实业救国的办学方向下，更加注重人才培养的德能并重原则，并将“德”置于人才各项条件之首，他认为：“道德，基础也；科学，屋宇垣墉也。彼淹贯科学，当世宁无其人，然或忘身徇利，一旦名誉扫地，譬诸基础未筑，则屋宇垣

① 陈泓. 大学校训的思考［N］. 上海交大报，2007-11-22（3）.

② 但申. 说说交大的校训［N］. 上海交大报，2008-03-31（3）.

墉势必为风雨飘摇而不能久固。”为了培养“一等人才”“以蔚成高尚人格”，唐文治从个人的修身立业出发，于 1909 年亲自制定了四字校训“勤、俭、敬、信”，并对新校训进行了阐释。四字校训兼具儒家传统文化的精髓和西方有益的处世观念，虽言简意赅却内涵丰富。唐文治对“勤、俭、敬、信”四字校训的阐述：

勤。陶侃运甓，千载传为美谈，惟其勤也。吾辈生于今世，聪明不如人，智慧不如人，武力不如人，以至国势更不如人。高丽之所以亡，惰而已矣。诸生今日务宜昼夜为之，若不能勤，将无以生存于世界之间。

俭。伊尹之能任天下，在一介不取，所以能一介不取者，由其自奉俭也。凡人之丧其操守、失其气节，大半由于妄取膏粱、文繡。御之以为故，常出而问世，安得不妄取？自是而名誉扫地、骨气无存，岂不哀哉？小子识之：俭以养廉，立品之始基也。

敬。汤曰：“圣敬日跻”，文王曰：“缉熙敬止”。敬者，历圣相传之心法也。敬天、敬祖、敬亲、敬长，同是一敬，而日用行习尤莫要于敬事。处事而不敬不能成事，即不能成人。吾国人向以惬意为高品，要知惬意二字，亡身破家而有余。敬之敬之，神明鉴之。圣贤豪杰不外乎是。

信。吾人置身社会，无时无地而非交际。交际之道，信用为第一义，信用一失，此身不可立于社会，即不可立于天地之间。西人最重信用，即小至钟点时刻之细亦无不兢兢注意。吾国而求自强，吾辈而求自立，要以信用为主，慎而出话，谨而然诺。小子勉旃必践必復。

（三）勤、慎、忠、信、恒

1912 年，蔡元培出任民国教育总长，公布了“壬子学制”，并陆续颁布了《大学令》《专门学校令》《大学教育规程》等一系列法令。大学更加重视校训，并呈现兴旺繁盛的发展趋势。

1921 年年初，京、沪、唐三校组建交通大学。时任学校主持的张铸认为培育人才是高校最主要的职责，他在唐文治“勤、俭、敬、信”四字校训的基础上重新修订，提出了“勤、慎、忠、信、恒”五字校训，并在开学和毕业典礼上对学生进行训诫，认为“学生力践此勤、慎、忠、信、恒五字，在社会办事效果甚好……要谨守这五字，力行之久，即成一种自然习惯，决不致为社会恶习惯所移动。”[①]五字校训新增“慎”“忠”“恒”三字，希望学生谨慎忠诚，持之以恒，增加了对学生品德修养方面的要求。

（四）精勤求学，敦笃励志，果毅力行，忠恕任事

1920 年后期，交通大学先后隶属民国政府交通部和铁道部，学校的办学经费充足，各项事业发展迅速，进入迅猛发展的黄金时期，不仅在国内与北大清华齐名，在国际上也小有名气，有“东方 MIT”的美誉。为扩大交大的影响力，学校选取了一大批优秀学者，专门成立校训专案委员会，精心推敲、拟定新校训。1930 年，在校训专案委员会第二次会议上，“精勤求学，敦笃励志，果毅力行，忠恕任事”的新校训顺利通过。十六字校训有时也简化为“精勤、敦笃、果毅、忠恕”，在文治堂讲坛上就有悬挂，1933 年《国立交通大学工业铁道展览会特刊》4 月 9 日在新闻报道中就有提到。当时的交通大学校徽上也以篆书印刻这一校训，提醒学子时刻不忘传统文化的精华。1937 年 6 月编印的《交通大学一览》上，也在首页位置明确刊印了十六字校训，详见下图。[②]

---

① 但申. 说说交大的校训［N］. 上海交大报，2008-03-31（3）.

② 西安交通大学. 学校标识：校训［EB/OL］.（2015-02-05）［2016-07-11］. http://www.xjtu.edu.cn/info/ 1024/1007.htm.

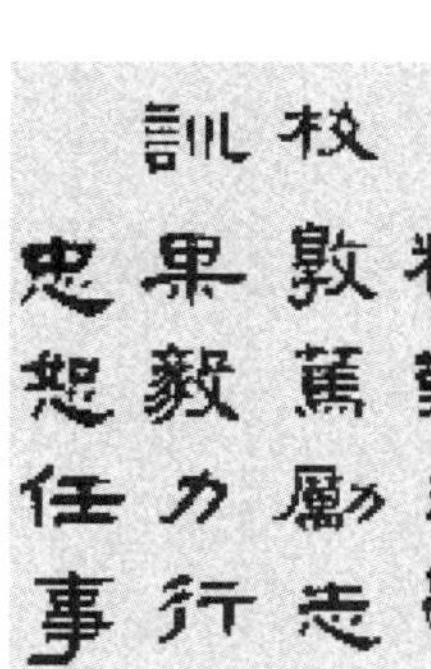

交通大学校训

（五）饮水思源、爱国荣校

新中国成立后，原国民党统治区的高校接受改造，特别是 1952 年全国高校院系大调整后，原抗日军政大学“团结、紧张、严肃、活泼”的八字校训成为中国高校的通用校训，这种状况一直持续到改革开放初期。

上海交通大学在 20 世纪 90 年代初提出了“饮水思源”为校训，广泛发动群众，听取师生员工意见，把校训拓展为“饮水思源，爱国荣校”。进入 21 世纪，上海交大进一步加强文化建设，注意传承历史传统。2006 年，在研究制定学校《精神文化专项规划》之际，上海交通大学对校风、校训、办学理念等大学精神文化进行了广泛而深层的研究与提炼。最终在 2006 年年底的教代会上通过了《上海交通大学章程》，明确将“饮水思源，爱国荣校”作为校训列入大学章程。

交通大学素有饮水思源的传统，根据目前有据可查的资料，交大饮水思源的传统最早源于 1926 年，在学校 30 周年校庆时，师范学院校友捐建“自流井”意指饮水知源。1933 年又有校友捐建了饮水思源碑的原型，并明确刻有“饮水思源”。现在各交通大学内都设有标志性的饮水思源碑，石碑立于喷水池中，上有铁铸交大校徽，这既是“天下交大是一家”的有力见证，也提醒着交大人“落其实者思其树，饮其流者怀其源”“饮水知源，自觉自悟，师岂远哉”，不忘母校之本。

三、西安交通大学的校训

西安交大的前身可追溯到上海的南洋公学，1921 年改称为交通大学。新中国成立之初，根据国内外发展形势需要，为巩固国防大后方，加强西北工业基地建设，国务院决定将上海交通大学主体迁往西北支持社会主义建设。1956 年，在学校成立 60 周年之际，上海交通大学积极响应国家号召，克服重重困难和阻力，学校主体由上海内迁西安。1957 年交通大学分设上海和西安两个部分，一个学校，统一领导。1959 年 9 月，两校区分别独立建校，“交通大学西安部分”定名为“西安交通大学”，并与上海交通大学并列入选全国 16 所重点大学。2000 年 4 月，国务院决定，将原西安医科大学、原陕西财经学院并入原西安交通大学，进一步整合办学资源，提升办学力量，组建新的西安交通大学。

从西安交大的发展史我们可以了解到，西安交大和上海交通同根同源，在 1956 年迁校以前，两所大学的校训演变轨迹没有区别。

（一）爱国爱校，追求真理，勤奋踏实，艰苦朴素

1985 年，在交通大学建校九十周年之际，西安交大校友陆定一先生为交大题写了“爱国爱校，追求真理，勤奋踏实，艰苦朴素”，将 16 个字视为交大传统和校风的积淀。这十六个字也在很长一段时间内成为西安交大的校训，原西安交通大学校长徐通模认为，“爱国爱校，追求真理、勤奋踏实、艰苦朴素”是整个交通大学传承始终的衣钵，鼓舞着代代交大人奋斗和努力，是西安交大最宝贵的精神财富。

（二）精勤求学，敦笃励志，果毅力行，忠恕任事

2005 年 4 月 4 日，西安交通大学重新审定校训，决定启用 1937 年《交

通大学一览》公布的校训“精勤求学，敦笃励志，果毅力行，忠恕任事”。同时启用的还有萧友梅作曲的《国立交通大学校歌》，这一校歌曲调悠扬，韵味独特，而且歌词也与校训精神交相辉映。歌词中包含对青年学子的期许，希望他们通过探索“科学奥府”“启发睿智”，能够以“热忱”之志“英俊济跄”“经营四方”，在“实业”“实学”精神踏实任事“与日俱长”，最终成为“荣华邦国”“中兴民族”的时代楷模。

四、西南交通大学的校训

西南交通大学是五所交大的起源之一，前身是 1896 年清政府成立的山海关北洋铁路官学堂，简称山海关铁路学堂。当时正值中华民族内忧外困之时，实业救国成为许多有识之士的呼声。发展铁路事业、开设铁路学堂成为中国民族救亡图存的产物。山海关北洋铁路官学堂的创始人吴调卿深刻认识到实业人才的重要性，主张必须通过培养自己的铁路人才，实现铁路事业的自主发展，在上书清政府的呈文中他表达了这一思想：“铁路自创办以来，先开平，后津榆，垂十余年，通商便民已著成效”，“惟是各工程师届借资泰西各国，舍己求人，恐非久计”，“拟请专设学堂，招额生 80 名，以洋、汉文正副教习各一人，分班教授，三年学满，量才器使”。[①]经清政府正式批准后学校很快成立，吴调卿获任首位校长。建校之初，学校并没有明确的校训，不过学校借鉴欧美工科办学模式，专业课采用全英文讲授，并制定了严格的考核和奖惩制度，明确的办学宗旨和严格的管理制度造就了“严谨治学、严格要求”的传统。

（一）竢实扬华

1900 年，学校因八国联军入侵被迫停办。1905 年，学校在唐山复

① 唐院春秋：中国铁路诞生始末与第一所铁路学堂历史沿革[EB/OL].(2010-02-02)[2016-07-11]. http://tangyuanchunqiu.blog.163.com/blog/static/1023923352010112164656 2/? suggested reading/.

校，并更名为唐山铁路学堂。1912 年中华民国成立后，学校归民国交通部直接管辖，1913 年更名为唐山工业专门学校。1916 年，唐山工业专门学校在北洋政府教育部组织的全国高校学生成绩展览评比中拔得头筹，时任教育总长范源濂亲自为学校题写了“竢实扬华”匾额作为奖励。“竢实扬华” 有等待果实成熟，显扬光华美好之意，蕴含着培育优秀人才，振兴中华的愿望和期许。自此，竢实扬华作为学校的精神不断地传承下来。

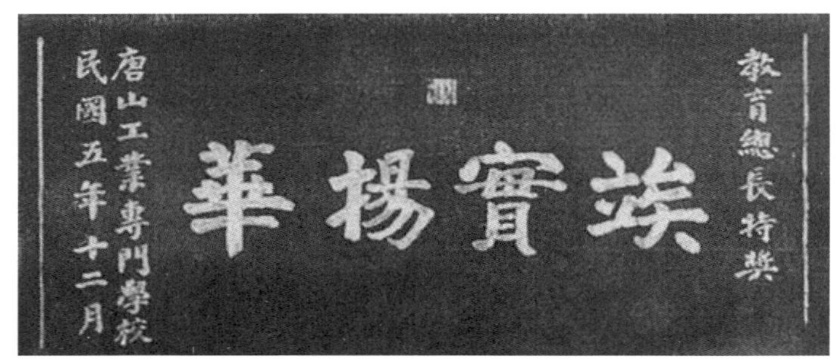

“竢实扬华” 匾额

（二）精勤求学，敦笃励志，果毅力行，忠恕任事

1921 年，北洋政府交通部组建统一的交通大学，下设北京、唐山、上海三个学校，后又分别改称交通部唐山大学、唐山交通大学、第二交通大学、交通大学唐山土木工程学院。1928 年，国民政府成立后，交通大学归属铁道部管理，交通大学下设上海本部、北平铁道管理学院和唐山工程学院。1930 年，交通大学经研究确立并公布了十六字校训：“精勤求学，敦笃励志，果毅力行，忠恕任事”，成为上海、北京和唐山三所交通大学统一的校训。相对于学校创建的历史，校训的产生虽然稍晚，却是对之前办学经验的总结和提炼，对师生为人处世、治学立业都有极强的导向：做学问要勤奋严谨，精益求精；立志向要胸怀宽广，敦厚朴实；行实践要果敢坚

毅，言行如一；立事业要尽心而为，担当职责。

1931 年“九一八”事变后，学校在动荡中一度南迁上海。1934 年，学校国文教员吴稚晖先生为唐山工程学院院歌填词：“翳唐山，灵秀钟，我学院，声誉隆，灌输文化尚交通。习矿冶，土木工，窥学术，贯西中，相期同造最高峰。璀兮如金在熔，灿兮如玉相攻。桃浓李郁，广座被春风。宜诚果，宜勤朴，基础坚，事功崇，文轨车书至大同。”歌词是对交大校训的艺术演绎，体现了校训精神的内涵和精髓。1937 年“卢沟桥”事变后，学校几经坎坷，踏上流亡之旅，在辗转迁徙中一直恪守校训，在艰难险阻中立校兴校。1947 年在唐山复校之时，重新研究校训事宜，决定恢复使用原交通大学时期的十六字校训。

1949 年新中国成立后，学校由铁道部接管。1952 年全国高校院系调整后，更名为唐山铁道学院。根据中央决定，唐山铁道学院于 20 世纪 60 年代开始内迁四川峨眉，并于 1972 年更名为西南交通大学，开启“天府时代”的序幕。1989 年，总校迁往成都，峨眉校区设立分校区。2002 年，学校在成都犀浦建新校区，形成“一校、两地、三校区”的办学格局。在历次的校址更迭和变迁中，“竢实扬华，自强不息”的精神和“精勤求学，敦笃励志，果毅力行，忠恕任事”的校训始终是学校精神的内在源泉和动力，为发扬优良传统、传承学校历史起到不可磨灭的重要作用。

五、新竹交通大学的校训

交大百年，天下一家。台湾新竹交通大学的根在大陆，与上海交大和西安交大一脉相承。1946 年，交通大学的主要源头——国立交通大学、国立唐山工学院、国立北平铁道管理学院呈三足鼎立之势。解放战争后期，国民党自觉大势已去，开始着手将部分高校迁往台湾。现在台湾的许多知名高校的名字和大陆高校相似甚至相同，折射出两岸高校发展的渊源关系，新竹交大也有相似的发展脉络。1949 年国立交通大学的部分教师员工随国民党迁至台湾，如凌鸿勋、李熙谋等。1958 年，他们在新竹“恢复”了国立交通大学，也就是现在的新竹交通大学，凌鸿勋任首任校长。新竹交大在学校官网上也记载了这一段校史：“追本溯源，竹校盖亦前述交大血脉之嫡裔也。”新竹交大的校歌也沿用交通大学时期萧友梅的曲子，不过对歌词进行了较多修改，“沪渝平唐”四字是交大颠沛流离历史的写照，“击楫复神京”也是当年战乱的产物。

知新致远、崇实笃行

根据历史发展渊源来看，在大陆国立交通大学及以前的时期，新竹交通大学的校训和上海交大、西安交大同根同源，没有差别。1974 年，新竹交大的校训由凌鸿勋先生亲手制定，他应 1974 级电子研究所同学之请，手写了“知新致远、崇实笃行”八个字作为毕业纪念题词。学生将其刻成匾额后赠送给学校，悬挂在学校的图书馆礼堂，“知新致远、崇实笃行”遂成为新竹交大的校训。

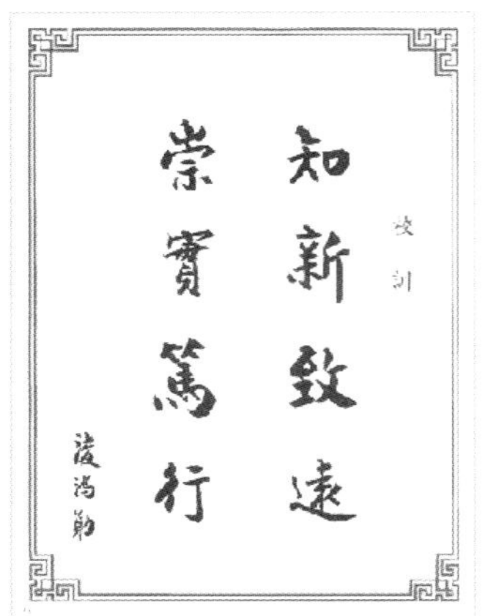

凌鸿勋（竹铭）手题校训，1974 年制颁。

“知新致远、崇实笃行”校训具有鲜明的交大特色，也继承了交大的精神传统。立校之初，交大就提出“求实学，务实业”的办学理念，希望培育英才实业报国。唐文治校长时期特别强调品行学问合一，明确提出“须知吾人欲成学问，当为第一等学问；欲成事业，当为第一等事业；欲成人才，当为第一等人才。而欲成第一等学问、事业、人才，必先砥砺第一等品行”，将“必先砥砺第一等品行”作为育人的首要前提，特别强调以德为先，以生为本。20 世纪 20 年代交通大学校训“精勤求学，敦笃励志，果毅力行，忠恕任事”，20 世纪 30 年代的国立交通大学时期校训“实事求是”，也都力求塑造交大学子脚踏实地、求真务实的品质。“知新致远、崇实笃行”作为校训勉励学生志存高远，实事求是，敢为人先，培养交大学子典型的人格特质，也凸显了交大的办学历史和特色。

第五章　知行校训与北京交大发展新成就

北京交通大学自创建以来，一直秉承“知行”校训，北京交通大学倡建人曾鲲化，以勤奋求学全面掌握世界铁路管理先进理论，以史无前例之个人考察深入洞悉中国铁路现状，倾力促成学校之创建，堪称实践“知行”典范。百余年来，学校始终坚持理论与实践密切结合，推崇以知导行、以行促知、知行并重，形成了严谨治学、注重实践的办学特色，一大批师德高尚、学术精湛的教师坚守教学科研一线，师者倾心而教，学生倾力而学，校园里教风严谨，学风浓厚，学生思想素质高、理论功底厚、业务能力强。万千北交大人以“知行”为求学行事之准则，精读课业、践实笃行，知则力求明晰透彻，强调以德为先；行则力求踏实深入，致力开拓创新。

一、知行统一　广育英才

“知行统一贵在行，实践教学求创新”是北京交通大学极其鲜明的办学特色，学校秉承“知行统一”的基本教育教学理念，自学校成立之日起就一直注重学生的社会实践，要求学生理论联系实际，坚持实践教学求创新的意识，脚踏实地，锐意进取，培养了大批理论知识扎实、动手能力强的优秀人才。

建校一百余年来，北京交通大学一直恪守建校初期交通大学校长叶恭绰先生提出的“知行”训示，“学术独立非与致用分离”，将学以致用、学为所用作为人才培养的基本理念。早在 1909 年，学校即把测量试验等实践性课程引入教学计划，并逐渐建立完善电台实验实习室、电话实习室等实践教学设备环境，这些在当时的国内学校中属罕见少有的。根据学校当时的课程计划，学生就读期间需完成平时的参观实习、暑期实习和毕业实习，其间学校还积极选派优秀学生赴国外实习，将“行”的实践理念严格贯彻在教学过程中。学校给学生创造非常丰富的实践机会，组织学生前往各地开展教学实习，如赴京张线南口站进行铁路实习，在西山进行测量教学实习，在济南机厂电机房开展机械实习，在郑州电话局进行电信实习，等等。[①]随后，学校的教学实习更加活跃起来，学生实习实践的足迹遍及祖国各地。

学校制定了严格的实习规则和实习纪律，实习不合格者不得毕业。即便是在条件艰苦的抗日战争时期，学校被迫在八年间辗转迁徙四次，途经湖南、广西、贵州、四川四个省份，行程超过八千余里，学习生活条件极其简陋清苦，暑期实习和社会实践仍然照常进行，从未间断。学校在辗转迁徙中克服重重困难，制定实施了《实习参观规则》和《毕业生实习规则》，要求学生在暑期实习期间关注现实问题，开展社会实践调查，撰写调研报告，对学生们将理论知识和现实应用相结合起到了积极的促进作用。

学生的毕业论文选题也均体现出明显的现实问题导向，毕业论文题目多是反映当时铁路发展现实的问题，如：“平绥铁路的客货运输问题”“陇海铁路的运价问题”“南浔铁路的财政问题”“铁路负责运输问题”“南满铁路财政之研究”等，都是 20 世纪 30 年代中国铁路发展急需解决的重要课题。

师生们还纷纷组织起“英文研究会”“学科研究会”“站务管理研究会”“交通经济学会”“铁路财务学会”和“交通学社”等学术实践性团体。学校制发了“知行”徽章。这些“知行统一”的各类活动，引导着历届校友求知践行的思考与行动。[②]注重实践的办学理念和一系列实践举措令我校

① 北京交通大学. 漫游中国大学：北京交通大学［M］. 重庆：重庆出版社，2009：178.

② 承仁义. 金色的交大精神：谈我眼中的交大精神［N］. 北京交通大学报，2013-07-01（4）.

在彼时的中国教育界名声大彰，向国家和社会输送了一大批优秀学子。

新中国成立后，学校隶属铁道部领导管理，铁路行业对实践的特殊要求使得生产实习极为关键。在学习苏联模式的过程中，学校在教育教学改革中对实践教学环节进行了统一的设计规划，较为系统地安排了认识实习、专业实习、毕业实习、课程设计、毕业设计等环节，并利用现场教学、直观教学等方式加强实践性教学，克服课内教学和课外实际相脱节的问题。[①]1949 年暑期，全校学生即搭乘铁路专列前往哈尔滨铁路局实习，实习结束后又前往大连实地考察参观。在 19 世纪 50 年代党中央教育与生产劳动相结合方针的指导下，学校提出了“全国的铁路网是我们实践的课堂”的实践教学理念，师生走出课堂，走向生产一线，走遍全国各地铁路现场，“真刀真枪”地进行课程设计和毕业设计，积极探索实践教育与生产劳动相结合的办学道路。

19 世纪 70 年代末，“文化大革命”结束后，国家进入新的历史发展时期，我国高等教育开始迅速地恢复与发展，学校也与时俱进，及时更新传统教学观念，专门成立了校级社会实践工作领导小组，推进实践教学理念创新，在积极践行以实际为导向的道路上更进一步。学校实践教学方式和内容更加丰富多彩：不仅确立了以培养工程技术人才作为实验教学改革重点的教学目标，以实验课程体系建设取代过去在理论课程中安排实验内容的传统教学模式，着力强化学生社会实践能力；而且将社会实践活动作为大学生思想政治教育的重要环节，从整体上统筹规划了教学实践、专业实习、军政训练、社会调查、志愿服务、科技发明等各类实践活动。学校的社会实践活动走上了由零散到统筹、由单一到全面的发展阶段。

学校于 20 世纪 90 年代初提出“实践教学四年不断线”思想，制定了《北方交通大学深化本科教学改革工作纲要（1993—2000）》，以培养具有综

① 张樱. “知行统一”的百年求索：北京交通大学实践教学传统的传承与发展[J]. 中国大学教学，2008（6）.

合应用和开发能力的实用型人才作为实验教学改革的重点，通过实验课程体系的建设，培养学生综合应用和开发能力。学生逐渐将社会实践作为自发自觉的必要活动，通过深入一线、服务社会，更好地将理论知识与社会实践有机结合。

进入 21 世纪以来，学校继续积极推进实践教学改革创新进程，并围绕新的实践性教学体系，深入开展了一系列富有实效的工作。学校不断完善实践教学体系和与之配套的实践教学环境和管理制度，以保障实践教学水平的不断提高。体现在具体操作层面的重要举措就是以培养具有实践能力和创新精神的本科人才为目标，突出实践教学在学生创新能力塑造中的作用。

2003 年，学校以制订新的本科人才培养计划为切入点，把实践教学体系提升到了与理论教学体系并重的地位，将实验教学、实习、课程设计、军训及社会实践、课外认证与竞赛、毕业设计、科学研究等环节统筹安排，从基础层、提高层和研究创新层三个层次构建了实践教学体系，以着力培养学生的工程素质、基本实践能力、综合设计能力和创新能力。

围绕新的实践性教学体系，学校还进一步加大了实践教学平台建设，按大类专业进行结构调整和布局优化，重点加大国家工科基础课程教学基地、综合实验中心和专业实验室建设。“九五”期间，学校每年投入 200 万元用于教育教学改革项目研究与实践；从“十五”开始每年投入 1 000 万教学基本建设专项资金用于基础课程教学基地、专业综合实验室的建设和实验室建设软项目研究。[①]从经费上大力支持实践教学水平的不断提高。

经过百余年的摸索与实践，学校在实践教学方面形成了“五个结合”的理念，即：注重实践教学与理论教学相结合、注重实践教学与经济建设相结合、注重实践教学与学科建设和科学研究相结、注重共性要求与个性

① 北京交通大学. 漫游中国大学：北京交通大学［M］. 重庆：重庆出版社，2009：181.

发展相结合、注重校内与校外实践教学相结合，实践教学思想理念体系逐渐走向成熟。

近年来，学校在加强实践教学方面又开启了新的探索。2010 年起，学校正式启动了“探索行业高校产学联合培养人才的模式和机制”的国家教育体制改革试点项目，探索学校与企业联合培养人才新模式。学校还入选教育部“卓越工程师教育培养计划”首批试点高校，并于 2011 年正式实施，从交通运输、自动化、土木工程、机械工程及其自动化、电气工程及其自动化、计算机科学与技术等铁路特色专业入手，选拔优秀本科生参加“3+1+2”卓越工程师产学联合人才培养试点工作。

产学联合人才培养模式的改革，让企业直接介入人才培养的过程中，学校和企业联合对学生进行更为明确的订单式培养。这些经过前 3 年“宽口径、厚基础”培养的高潜质学生，在接下来 1+2 年里一半时间在企业实习，完成毕业设计和硕士学位论文，硕士期间实行学校教授和企业工程师“双导师制”。①通过理论教学和工程实践的有机结合，不但有利于提高学生的理论、实践和创新等综合能力，而且对缩短毕业生对岗位的适应期，使学生更早地接触和了解企业文化，更好地对接企业需求，提升学生的发展潜力和后劲都大有帮助。

学校注重加强与地方、企业合作，广泛拓展校外实践渠道，开展大学生实践基地建设试点，校外实习基地已经覆盖了学校绝大多数本科专业。目前，学校拥有国家级大学生校外实践教育基地 7 个，北京市级大学生校外实践教育基地 4 个，校级大学生校外实践教育基地 6 个。学校坚持以验收促建设、以验收促发展的目的，及时对与校内外单位共建的校外人才培养基地开展验收，通过自评报告、数据报表和基地视频对基地多年建设情况进行总结。2014 年上半年与企业新建校外实习基地 14 个，获赠投资或

---

① 唐景莉，袁芳. 企业赢得人才学生赢得人生：北京交通大学产学联合培养创新人才纪实［N］. 中国教育报，2012–11–22（1）.

设备价值 1 180 万元，获赠设备软件 30 套。

2014 年，学校启动实践教学管理系统建设，提升了教学管理的科学化和精细化水平。目前学校拥有国家级实验教学示范中心 6 个，北京市级实验教学示范中心 8 个，校级实验教学示范中心 10 个。2014 年，“交通运输虚拟仿真实验中心”获批国家级虚拟仿真实验教学中心。“校内创新实践基地”获评北京高等学校示范性校内创新实践基地建设单位。学校还通过产学合作，有效利用行业资源，积极开展实验室建设。如与中兴通讯股份有限公司共建“国家电子信息实验中心–通信工程专业实验室”。

学科竞赛和创新项目是加强实践教学、培养学生科研创新精神的重要抓手。近年来，我校学生学科竞赛和创新项目成果丰硕，以 2014 年为例，学校本科生获国际级学科竞赛奖项 17 项，国家级奖项 188 项，北京市级奖项 239 项。获国家级大学生创新训练计划项目立项 81 项，北京市级立项 100 项。研究生获国家级学科竞赛奖励 92 项，其中全国特等奖 2 项，一等奖 15 项，二等奖 22 项，三等奖 53 项。3 名工程硕士获第二届“做出突出贡献的工程硕士学位获得者”荣誉称号，2 名研究生荣获首都高校社会实践先进个人。1 名研究生获第九届中国青少年科技创新奖。在挑战杯“创青春”全国大学生创业大赛中，我校获北京市优胜杯国家级银奖 2 枚，铜奖 5 枚。

二、以知促行　求是创新

百年交大，历久弥新。北交大人立足学校发展实际，遵循大学发展规律，不断深化办学体制机制等各项改革，大力破解发展中的重大难题，不断推动各项事业发展，为学校发展提供了源源不断的内在动力；而一系列标志性科技创新成果的取得，则为学校赢得了良好社会声誉和重大发展机遇。在科学研究领域，科学思想始终引领交大人勇于探索，刻苦攻关，冲击一流，紧密对接国家战略和行业、区域重大需求，取得了一大批重大标志性创新成果。

求真务实、严谨治学是知行校训精神的鲜明体现。在百年求索的过程中，北京交大人严谨求实又大胆创新，脚踏实地又积极进取，始终坚持立足实际做科研，学校师生在煤油灯下刻苦研读，在设备缺乏年代坚持科研，在时代变迁逆境中攻关克难，踏踏实实求创新，将“知行”校训精神融入科学研究。学校坚持“立足铁路实践，又高于铁路实践”为指导，构建具有轨道交通特色的大学科体系，用新理论、新技术、新思路和新手段，研究解决轨道交通事业发展中的科学和技术问题。学校整合办学资源，先后成立了铁路系统第一个信息科学研究所，第一个系统科学研究所，第一个铁路运输自动化研究所，第一个光波技术研究所，第一个管理科学研究所，第一个物流研究所等，科学研究全面登上学校的舞台，在铁路信息化、运输控制与安全、高速铁路、货运快捷与重载等方面取得了显著的成果，学校进入了一个在更高层面上服务铁路和引领铁路科技发展的崭新阶段。

信息化建设在轨道交通跨越式发展中起着关键性、基础性的作用。“信息与通信工程”与“交通运输规划与管理”是学校的优势、特色学科，学校主持和参与完成的 TMIS、DMIS、PMIS（运营、调度、票务管理信息系统）、“全国铁路客票发售系统”“全路行包管理信息系统”等成为铁路运营管理现代化的大平台；“铁路信息化总体规划”成为铁路信息化建设的基础文件；融计算机技术、通信网络技术、信息处理技术、现代化管理于一体的“郑州北编组站货车管理信息系统”大大提高了铁路运输生产和决策效率，荣获国家科技进步一等奖。2000 年以来学校直接承担铁路系统科研项目数占全校项目总数的近二分之一，占铁道部科技研究开发计划项目总数的五分之一，一直处于全国高校领先位置。

近年来，学校把加强科技创新作为发展的战略重点，放大科研体量，对接重大需求，力求产出原创性成果。科技管理工作始终坚持顺应国家科技管理体制改革，直接面向国家重大需求，培育科技领军人才和实质性创新团队，打造科技创新平台的理念，切实提高承担重大科技计划项目核心竞争力，不断提升服务国家、地区和行业发展能力。2013 年，由北京交通大学牵头，联合西南交大、中南大学和北车等行业骨干企业，建立了轨道交通安全协同创新中心，是国家首批认定的 14 个“2011 协同创新中心”之一，力求通过加强校企合作和协同创新，力求解决好高铁运行安全监控系统的自主创新，从而开启了学校求是创新的新征程。

近五年，学校在轨道交通领域获得 10 项国家级奖励，构建了 46 个国家和省部级科研平台，包括“轨道交通控制与安全”国家重点实验室、“轨道交通运行控制系统”国家工程研究中心、“高速铁路系统实验”国家工程实验室以及 1 个国家能源局技术研发中心、4 个国家认可实验室、5 个教育部重点实验室、4 个教育部工程研究中心、1 个北京实验室、9 个北京市重点实验室、4 个北京市工程技术研究中心、9 个北京市人文社科研究基地等。此外，学校拥有“面向高速铁路控制的无线移动通信系统研究”等 6 个教育部创新团队，教育部学科创新引智基地 4 个，还建有交通运输特色数据库，为轨道交通科技创新做出了重要贡献。

交大人始终秉持“十年磨一剑，一生成一事”的坚定信念，一大批师德高尚、学术精湛的教师坚守教学科研一线，师者倾心而教，学生倾力而学。通过紧密对接国家战略和行业、区域重大需求，不断攻克一个个科学难关，取得一大批标志性重大科技成果。2010—2014 年，学校承担了“973”计划、“863”计划等国家科技计划项目，国家社会科学基金重大项目，国家自然科学基金以及有关部委的各类科研课题 11 000 余项，科研经费近 38 亿元；发表 SCIE 检索论文 2 135 篇、EI 检索论文 3 873 篇；申请专利 2 047 项，获授权专利 1 262 项。学校创立学术交流品牌并连续主办 8 届“中国交通高层论坛”，35 场“交大大讲堂”，主办和承办高水平国际学术会议 42 次。获得国家级奖励 12 项，省部级科技奖励 121 项。

同时，学校在科技创新上也取得了一批标志性成果。2011 年主持完成的“基于行为的城市交通流时空分布规律与数值计算”获国家自然科学奖二等奖；2012 年主持完成的“基于通信的城轨列车运行控制系统关键技术及其应用”和“复杂工况下磁性液体密封关键技术与应用”分别获得国家科技进步奖二等奖和国家技术发明奖二等奖。2014 年主持完成的“标识网络体系及关键技术”获国家技术发明奖二等奖。4 项主持完成的人文社会科学研究成果获第六届高等学校科学研究优秀成果奖（人文社会科学）。学校牵头攻克了一系列轨道交通核心技术难题，年科技产业推广产值近 20 亿元。例如，我校自主研发的基于通信的列车运行控制系统（CBTC），打破国外技术垄断，创造了我国自主创新的成功典范，占有北京新建线路 70% 以上的市场份额；主体化机车信号系统，占市场份额的 80%以上，已迫使国外企业彻底退出了中国市场；计算机联锁系统占有三分之一以上的国内市场份额。①

三、立足特色　笃实服务

北交大校训“知行”的诞生，与学校特殊的建校背景有关，也与特色鲜明的工科背景有关。交大人为报效祖国而奋发图强的优良传统要追溯到清政府时期，中国近代史第一所国办高等管理学校，也是北京交通大学的前身铁路管理传习所，它的使命就是“收回路权”“实业救国”“民族复兴”。“知”与“行”的思考与探索，伴随着北京交通大学的成长和发展，展现了交大人时刻与民族命运紧密相连、心系国家发展、勇担时代使命的向心力和凝聚力。时间流逝，但这种热爱祖国、服务行业的优良传统通过师生间继承和弘扬越发充实、鲜明，经过数代交大人励精图治、艰苦奋斗，北京交通大学已成为推动国家经济社会发展，特别是交通行业、首都区域科技创新和高层次人才培养的重要基地，为服务国家交通、物流、信息、新能

① 曹国永. 北交大是如何服务于轨道交通发展的［N］. 光明日报，2015-03-24（13）.

源等行业以及北京经济社会发展做出了积极贡献。

加强轨道交通特色专业人才培养

自创办初期，北京交通大学就以“造就铁路管理人才”为办学宗旨，为中国铁路事业初创输送了管理和技术人才。新中国成立后，学校长期隶属于铁道部管理，适应改革开放后铁路快速发展对人才的需求，服务国家铁路事业发展。毕业生服从国家分配，纷纷到全国铁路系统各大站、段、厂和高等院校、科研院所就业服务。进入新世纪，学校不断深化教育教学改革，以“通识教育、按类教学、倡导探索”的教育理念，“宽口径、厚基础、重个性、强能力、求创新”的培养思路，创新人才培养模式，逐步实现从培养专门化的高级人才向具有创新潜质的高级人才转变。可以说，学校的人才培养被深深地打上了行业特色文化的烙印。

近年来，学校不断密切与铁路企事业单位的联系，不断丰富人才培养方式，拓宽服务铁路的领域。一是积极发挥董事会作用，目前以铁路企事业为主体的学校董事单位已有将近 60 家，其中多家单位还与学校签订了包括制定有关优惠政策、设立奖学金、提供经济资助等内容的合作共建协议，吸引毕业生到铁路就业。二是加强铁路特色专业人才培养。积极推行“3+1”模式，与相关铁路单位签订“订单式”培养协议；加大铁道信号等铁路急需专业方向的招生力度，并强化专业课程和实训环节的学习。三是采取定向招生方式，工程硕士、MBA 指标优先满足铁路系统需要，为铁路企事业单位培养高层次技术和管理人才。四是承担为铁道部培养后备干部的任务，1991 年始连续举办 4 届铁路运输综合干部班。各路局大专以上学历管理骨干 120 人因此取得本科学历文凭，至今一半以上已走上铁路系统高级领导岗位。五是为铁路系统开展适应铁路发展新技术的成人教育和职业培训，仅 2000 年以来铁路系统约 46 000 余人参加了我校的成人学历教育和各类职业培训。

长期以来，学校以理想信念教育为核心，以铁路文化和传统教育为重要内容，通过各种方式，教育毕业生热爱铁路、投身铁路建设，收到了显著效果。据统计，北京交通大学在铁路行业的校友占据相关领域半壁江山，全国 18 个铁路局局长、副局长大多数是北京交通大学校友，各铁路局的绝大多数总会计师也都是由我校培养的，校友遍布各铁路局客货运、车务、机务、电务、工务等站段的领导和基层岗位。[①]在全国铁路系统，从中国铁路总公司到各铁路局，从行业最高管理部门到最基层的运输生产站段，处处活跃着北京交大毕业生为国奉献和奋斗的身影。他们思想政治素质高、理论功底厚、业务能力强，受到铁路及社会各界的欢迎和好评。

加强轨道交通特色科技创新

新中国成立后，在 50 年代国民经济恢复时期，西北、西南地区开始修建兰新、成渝铁路，急需专业人才，交大学子响应号召，在条件极其艰苦的地方建功立业，奉献青春。20 世纪六七十年代西南、中原大三线建设时期，宝成、成昆、内昆等铁路沿线再次留下交大人的血汗和足迹。20 世纪 70 年代援建坦赞铁路，学校弘扬国际主义精神，圆满完成 200 名留学生的培训任务，并派出一批教师赴坦赞铁路现场办学，培养技术人员，有的校友作为技术专家在援建中捐躯，为中坦赞三国的友谊做出了积极的贡献。

新时期以来，北交大人以社会发展、国家富强为己任，敢于奉献，勇于担当。大批国之栋梁与学界精英活跃在国民经济主战场，几乎新中国所有铁路交通事业的重大成就背后都渗透着北京交大人的心血和智慧，在青藏铁路、重载运输、高速铁路建设、北京奥运、城市轨道交通等国家区域重大工程中屡建功勋。可以说，在铁路跨越式发展中，北京交通大学在通信信息和运输管理方面具有不可替代的作用，成为铁路事业发展的思想库、人才库、成果库。

---

① 曹国永. 北交大是如何服务于轨道交通发展的［N］. 光明日报，2015-03-24（13）.

2000 年以来，铁道部依托北京交大建立了全路运输管理信息系统（TMIS）基地，而由北京交大参与完成的 TMIS 系统、DMIS 系统、PMIS 系统（铁路运营、调度、票务管理信息系统）和全国铁路客票发售系统、全路工务管理系统、全路行包管理信息系统等共同构成了铁路运营管理现代化的大平台。

在世界一流的高原铁路——青藏铁路的建设中，北京交大共承担相关项目近 40 项，涉及青藏铁路众多重要建设项目，交大数百名师生奔赴现场，克服高原缺氧、气候恶劣等重重困难，全线 45 个站点都留下了师生实地测试、科技攻关的脚印和汗水。此外，北京交大承担了研制“大秦线 GSM–R 实现机车同步操作控制系统”，参与“大秦线两亿吨扩能通信信号系统改造工程”等项目，为大秦线 2 万吨重载列车的开行提供了技术保障，为我国一举迈入铁路重载运输世界先进行列做出了贡献。

学校积极投身国家高速铁路建设，参与了 2008 年科技部与铁道部签署的《中国高速列车自主创新联合行动计划合作协议》，并承担了“高速列车运行组织方案优化设计关键技术”“高速列车运行控制系统技术及装备研制”等科研任务，努力在高速铁路技术创新中发挥作用。在举世瞩目的京津城际铁路建设中，学校参与了京津城际铁路联调工作和北京南站流线模式与客服系统设计工作，为京津城际铁路顺利开通运营做出了应有贡献。另外，北京交大还积极筹建高速铁路人才培训基地，为有关铁路单位培训技术、管理人才，培训内容包括动车组列车、通信信号、运营调度等。①

加强轨道交通协同创新

近年来，北京交通大学立足我国高铁及城市轨道交通发展之所需，通过校企合作的形式，引导师生积极深入工程现场、生产实践中，与企业导

---

① 高李鹏. 百年求索背后的铁路情怀：写在北京交通大学运输、经济管理、电信学科诞生百年之际［N］. 人民铁道报，2010–02–05（B1）.

师和科技人员共同破解技术难题，同时也凝练出了大量的科研课题，为学校许多领域的科技创新明确了攻坚方向，充分体现了需求导向和问题导向。由此，学校的年度科研经费从 2007 年的 1 亿多元上升到现在的 8 亿元，其中国家科技支撑计划项目、国家自然科学基金重点项目等服务行业的纵向课题超过了 60%。

学校研发了具有完全自主知识产权的城市轨道交通 CBTC 系统，扭转了长期依靠国外引进的状况，实现了原始创新与集成创新，解决了困扰我国多年的信号系统国产化与自主化问题，并以知识产权入股的方式，由北京市作为最大股东组建了实体公司，实现了成果的产业化。自 2008 年起，该项目研究成果先后在大连快轨 3 号线、北京亦庄线、昌平线及重庆单轨 3 号线运用，近期，又推广应用到北京 14 号线、重庆、天津、成都、长沙、深圳等十多条线路，力争获得国内 1/3 的市场份额，并力争尽快进入国际市场。同时该项目也产生了良好的间接经济效益，CBTC 信号系统投入应用后已迫使国外引进系统每公里造价下降超过 30%，仅此一项每年就可为国家节约几十亿元人民币。CBTC 系统研发的成功，探索了一条适合高校开展“政产学研用”结合的科技攻关道路。

学校还通过促进技术转移，不断提高社会服务水平。学校积极组织开展各种类型的成果推广活动，围绕地方经济发展需求，积极开展校地合作，加强与地方政府的联系，与天津、长沙、合肥等地开展了实质性的交流合作。组织参加具有较大影响力的高水平综合性展览会，“高精度金刚石导丝模具”荣获第十六届中国国际工业博览会高校展区优秀展品奖，我校获第十六届中国国际工业博览会高校展区优秀组织奖及第十六届中国国际高新技术成果交易会优秀组织奖、优秀展示奖。学校的技术转移中心被科技部批准为国家技术转移示范机构。截至 2014 年 12 月 8 日，学校共申请专利 309 项，其中发明专利 267 项，占专利申请总量的 86.4%；授权专利 156 项，其中发明专利授权 137 项，占专利授权总量的 87.8%；计算机软件著作权登记 84 项；申请 PCT 专利 3 项。学校的专利实施转化成果显著。专利转让 3 项，转让金额 105 万元；专利实施许可 57 项，许可金额 362 万元，超过 2008—2013 年专利转让及实施许可合同额总数。

文化根基是学校发展的动力。一代代的北京交大人就是凭着知行合一、学以致用的精神，顽强拼搏，不断钻研，努力把自己的知识与国家的需求相结合，实现着交大的社会责任与担当。

第六章　多措并举推进校训内化于心与外现于行

校训是一所大学在长期办学实践中积淀的校风、教风和学风，能够用最简洁、最凝练的方式表达核心价值，体现学校的人文精神和办学思想。北京交通大学“知行”校训根植于中华传统文化，《周易》《孟子》即有“知行并进”“知先行后”之说，学校始终秉承“知行统一，以知促行”“学理、应用并行注重”的办学理念，现在已经纳入《北京交通大学章程》，以制度化形式固定下来，向师生明示着做人、做事、做学问的道理。

1921年，叶恭绰校长在开学典礼上阐述了对“知行”校训的主张，提出研求学术既要有独立境界，又贵在致用，要为人类和社会谋幸福，“知行”虽只有简短两字却有着丰厚的历史积淀，是中国传统精神文化的延伸，并不断适应时代发展的要求。百年来，“知行”校训已成为一份独特的文化基因，在代代北交大师生的血脉中传递。

一、大力开展校训宣传教育

近年来，学校不断强化校训推广，进一步扩大知行校训的校内传播力和社会影响力。多年来，学校在校训宣传方面已经摸索总结了一套经验，有步骤地利用报刊、广播、电视、网络、橱窗等校内外宣传媒体进行广泛的宣传，校训宣传以理论、故事多元呈现，并广泛运用新媒体的文字、音视频，新媒体的传播理念和模式，让全校师生和校友都不断深入了解校训的内容和内涵，并逐渐认同喜欢、自觉内化，不断弘扬。2014年学校在校训宣传方面，实现了中央电视台（7分钟重点报道，全国高校仅16所）、人民日报、光明日报等国家一流媒体全覆盖，校内媒体跟进二次报道，微博点击、微信阅读达 3 万多次，创学校历史新高，引发师生校友广泛共鸣。

2015 年 11 月 2 日 CCTV 新闻频道报道北京交通大学知行校训

学校将校训精神纳入新生入学和毕业教育环节，写入学校宣传手册、招生简章、入学通知书、毕业纪念册或毕业证书等，校训传播在校园里形成了较为系统的传播途径，使学生自一入校就能够铭记校训，毕业后又带入社会、带入工作中，伴随和影响其一生。校长宁滨曾在毕业致辞中以“知行致远伴君行”为主题解读校训，号召学生要力求在“知”的方面有所突破，在“行”的领域有所创新，报效祖国、勤奋敬业、乐观向上、脚踏实地。要时刻提醒自己积极地寻求解决问题的办法，在自我实现的过程中达到“知行统一”的境界。

二、融入大学景观文化

学校以文化景观建设为依托，加强校园整体规划设计，将知行校训精神融入营造校园景观环境，着力发挥“环境育人”功能。学校将校训内容物化为校园景观，在恢复北京交通大学老校名时树立了“知行”校训碑，旨在传承百年老校优良的治学传统，弘扬交大立校精神。詹天佑是中国铁路先驱，杰出爱国工程师，为了学习先驱、激励后辈，学校为他建立了铜像。茅以升是我国现代桥梁之父，1950 年毛泽东主席任命他为新中国第一任北方交通大学校长。为缅怀和纪念这位老校长，学校特地为他铸造了坐式铜像。2009 年建成新的校史博物馆，现有展厅面积 1 200 多平方米，收藏有数十万文字资料、数千张珍贵历史照片和数百件校史实物文物，成为学生爱国爱校教育的重要基地。组合运用多种文化资源，在校内建起了“思源春光”“园厅湖影”“学海神韵”三个初具规模的文化带，拓展思源广场、孙中山文化广场和校友文化广场等主题文化广场设计建设，其中蕴含丰富的精神文化传承内涵，在校园内多处建有知行校训碑，思源楼后、明湖旁边等处的知行校训碑都成为交大毕业生拍母校留念照的必选之景。

学校在文化广场、道路命名等方面也精心设计，让校训精神融入学校的一景一物。2012 年以来，学校着力加强对新兴文化景观、建筑物、公共场所命名等相关规范管理，完成主校区 13 条主要道路的命名以及相关道路标识设计安装，在楼宇道路命名意见征集过程中，“知行大道”“知行大厦”已经获得师生一致认可并广为知晓，以文化景观建设不断推动校训精神的辐射传播。

校园文化墙展示《中庸》名句“博学之，审问之，慎思之，明辨之，笃行之”

明湖畔的知行石碑

北京市单体最大的学生活动建筑“交大知行大厦”

三、加强校训精神的研究阐释

将校训与大学精神的凝练阐释相结合，不断增加校训研究的广度和深度。校训精神集中体现了大学的理念内涵、理想追求和精神风貌，我校历来注重对历史传统和文化底蕴的挖掘与提炼，2012 年以来学校组织开展“交大精神”大讨论和“我谈交大精神”主题征文活动。全校师生以多种方式展开充分讨论，主题征文投稿近 300 篇，形成具体表述方案近 40 个。学校多次组织专家组研讨提炼、开展评选征集和意见征求，推动凝练形成具有学校特色、师生广泛认同的“交大精神”。此活动成为集中全体师生智慧、凝聚全校力量的精神文化活动。广大师生提出的“饮水思源、爱国荣校、严谨求实、自强不息、知行合一、敢为人先”等基本要素，既能延续优良传统，又能彰显时代特征。

学校不断深化对校训内涵的研究和阐释，随着时代发展需要融入拓展新的内涵价值。正如校长宁滨在《人民日报》专访中所讲的：“知”要“知民族大义、知国家所需”，“行”要“行远自迩”，既脚踏实地，又坚定不移。对于北交大人而言，“知行统一”在过去的表达是“读书不忘忧国，肩负振兴中华铁路事业的使命感、责任感，具有爱路报国的情怀”，在今天，就是“感恩社会，服务他人，勇于担当，甘于奉献，自觉肩负起民族复兴、国家富强的历史重任”。

北京交通大学校友总会、北京交通大学教育基金会主办的刊物《知行交大》封面

学校还注意典型示范的作用，寻找优秀校友、师生，从先进人物和典型事迹中挖掘校训精神的生动体现，彰显导向力量。近年来，学校注重发挥先进典型辐射激励作用，将校训精神贯穿到各类评选表彰活动，用身边事教育身边人，用小故事阐发大道理，引导师生在平凡工作岗位、点滴社会生活中践行校训精神，取得了较好的成效。学校校友会每月出版一期《知行交大》内刊，广泛走访传播学校师生校友在工作学习岗位的成就和心得感悟，挖掘和弘扬知行精神在校友身上的生动体现。

四、教学活动与学生社团寄予“知行”精神

北京交通大学近年来提倡科教融合的教改之路。以科研促进教学，以教学引导科研，人才培养质量与科学研究水平不断提升。同时，在教学中大力拓展实践教学比重，利用北京市丰富的传统文化资源，开展现场教学与实践活动。成立北京交通大学知行国学社，作为传统文化课的延伸，有效地发挥了第二课堂的作用。

（一）课堂教学注重知识传授与实践教学的相结合

校党委高福廷副书记为同学们展示中国书法的魅力

通识核心课“走进国学”的同学分享北京科技大学王立群老师的茶道表演

（二）学校教育与社会教育相结合，走出校门，走进博物馆

交大学子走进国家博物馆，感受中国文化魅力

交大学子走进北京孔庙·国子监博物馆

（三）成立知行国学社，第一课堂与第二课堂相结合

该社团依托“走进国学”通识核心课，以国学兴趣小组成员为骨干，在孔德立老师的指导下于 2013 年 3 月成立的北京交通大学第一个国学社团。

北京交通大学党委副书记高福廷教授为“知行国学社”题字

人文学院孔德立老师指导知行国学社换届会议

知行国学社的同学给国家气象局暑期托管班的孩子们讲国学

知行国学社在2015年5月成立的北京市大学生阅读联盟成立大会上
当选为主席团单位，照片为部分社团合影

校训作为校园文化的集中表达，需要通过课堂教学、社会实践、宣传教育才能逐渐内化于心、外现于行。近年来，在全校广大师生员工的努力下，知行校训已经成为北京交大人的文化底蕴，成为每一位毕业生的精神记忆，成为交大学子走向社会的行为指南。

第七章　知行校训的社会影响

“知行”作为中国传统思想的重要范畴，除了作为北京交通大学的校训，还被其他高校广泛使用，被诸多教育机构、学生社团，媒体专栏作为冠名的词语使用。因此，“知行”二字具有极高的社会使用频率与社会影响力。

一、从“知行”的使用情况看影响力

在百度网页中搜索“知行”，可以找到约为 74 页多达 14 700 000 个相关结果，并且网页内容处于不断更新之中。经过两个月的持续关注，截至 2015 年 5 月，对所有与知行相关的内容进行归类整理，排除重复内容、名词解释或是没有太大参考价值的条目，对“知行”一词的使用可以粗略分为六类：

一、教育产业类 26 项，包括高校校训、知行社团、知行论坛、知行学院、知行研究所、中小学、培训学校等；

二、公司企业类 46 项，包括电子、科技、软件、机电、电气、咨询、管理、投资、工贸、物流、公关、经济技术、医疗、酒业、旅游、广告、传媒、文化传播等多种行业；

三、网站类 20 项，包括外包服务、健身运动、教育培训、信息技术、法律咨询、人力资源、学院论坛等方面；

四、举办活动类型 9 项，包括政府部门召开的讲坛、教育部实施的教师培训项目、香港特区政府成立的教育基金会、高校举办的大学生社会实践大赛及研究生社会调研项目和创新培训计划、青少年朗诵大赛、艺术家开展知行讲习会等多种形式；

五、以知行命名的建筑14项；

六、以知行命名的人名10项。

在大学校训中，东北大学校训“自强不息，知行合一”。寓意既有“自强不息”的爱国意识、民族精神和传统文化思想性格，又有坚持实事求是精神，重视实践也重视知识的，理论与实际结合、实践与理论统一的思想作风与工作作风。此外，一些独立学院也以知行为名称。如西北师范大学知行学院，湖北大学知行学院。北京大学、北京航空航天大学等著名高校的学生社团、实验班、讲坛也冠以知行的名称。

二、从主流媒体的报道看知行的影响力

（一）2014年7月25日《光明日报》刊载北京交通大学校训的报道，2014年8月8日《白城日报》亦刊发了此文。全文如下。

“知”与“行”——北京交通大学二字校训的百年传承

北京交通大学思源楼的北面，枝繁叶茂的百年国槐荫蔽下，有一块石碑，上面刻着“知行”二字，为北交大的校训。这大概是全国高校中最简洁的一则校训了，一目了然，意味深长。

石碑厚重、槐花芬芳，每一天，无数师生经过“知行”碑，在这里留下了青春最美丽的回忆。他们在这里成长，从这里出发，走向祖国建设的舞台，将“知行”二字的内涵深刻地书写在自己的人生路上。

“知行”校训最早见于1923年北交大毕业生的纪念册。当时学校的校徽、校旗上均有“知行”二字。只是“知行”二字出自何人之手、什么时间书写等，尚无实证。

有学者研究提出，北交大“知行”校训的产生，与中国民主革命的先行者孙中山的知行观有必然联系。孙中山的知行观，深刻影响了

当时担任交通部总长并身为交通大学校长的叶恭绰。叶恭绰尊崇孙中山“交通为实业之母，铁路为交通之母”的实业救国思想，而且身体力行，曾先后到欧美多国考察铁路建设经营，对中国铁路管理制度的建立和本国铁路管理人才的培养做出重大贡献。1921 年 9 月 10 日，他在交通大学京校开学典礼上讲话，系统阐述了自己的办学理念，并对交大师生提出三点希望：一是学术独立，不受外力支配；二是学以致用，贵在贡献；三是学术愈精，应用愈广。他在讲话中抨击中国传统科举制度使读书成为谋取功名的阶梯，主张新型大学要将利禄与学术分开。他认为“方今科学昌明，无处不有学问，小如砌墙运铁，大如行车造路，莫不含有至理，蓄有精义”，故主张研求学术既要有独立境界，又贵在致用，要为人类谋幸福。

叶恭绰的讲话，是对交大“知行”校训要义的解释。这短短两个字的校训，传承近百年，交大也始终坚持“崇尚学术，追求真理，知行统一，以知促行”“学理、应用并行注重”的办学理念。

“知”与“行”的思考与探索，伴随着北京交通大学的成长和发展。经过数代交大人励精图治、艰苦奋斗，北京交通大学已成为推动国家经济社会发展，特别是交通行业、首都区域科技创新和高层次人才培养的重要基地，为服务国家交通、物流、信息、新能源等行业以及北京经济社会发展做出了积极贡献。

在一次毕业典礼致辞中，北京交通大学校长宁滨这样勉励毕业生们：你们要力求在“知”的方面有所突破，在“行”的领域有所创新。在现实生活中，勇敢地面对各种复杂局面，不断学习、努力奋进；不失激情、乐观向上、脚踏实地。要时刻提醒自己积极地寻求解决问题的办法，不要怨天尤人，要不断地磨炼和修炼自己，有一种执着和耐性，要在自我实现的过程中，达到“知行统一”的境界。

（本报记者李玉兰　本报通讯员袁芳）

（二）2014年8月7日《光明日报》发表北京交通大学党委副书记高福廷在“大学校训传播社会主义核心价值观”研讨会上的讲话。

7月28日，由中宣部、教育部、光明日报联合主办，清华大学承办的“大学校训传播社会主义核心价值观”研讨会在清华大学举行。我校党委副书记高福廷与来自中宣部、教育部以及20所高校的有关负责人，围绕以校训为载体传播和滋养社会主义核心价值观进行深入研讨。8月7日，《光明日报》单篇发表了高福廷的讲话内容，题为《校训让社会主义核心价值观在校园扎根》，全文如下。

北京交通大学党委副书记高福廷（《光明日报》记者郭俊锋摄）

大学校训有着丰厚的历史积淀，已和大学自身紧紧联系在一起，它体现了大学的理念内涵、理想追求和精神风貌。在大学这片继承、传播和创新文化的土壤中，校训已植根于此。从某种意义上来讲，社会主义核心价值观的培育与大学校训的建设内涵和传播途径可以紧密结合。高校也必须充分发挥校园文化的作用，为社会主义价值观的培育提供土壤，使社会主义核心价值观烙在学生心中，成为灵魂深处不可或缺的一部分。

北京交通大学校长宁滨曾在毕业致辞中以“知行致远伴君行”为

演讲主题，解读校训“知行”，号召学生在现实生活中，勇敢地面对各种复杂局面，不断学习、努力奋进；不失激情、乐观向上、脚踏实地。

深入宣传校训、持续建设校训就是在播撒社会主义核心价值观的种子。

如北京交通大学“知行”校训，短短两个字，简洁明了，内涵丰富。北京交通大学在其发展的百十年间，都是秉承“崇尚学术，追求真理，知行统一，以知促行”“学理、应用并行注重”的办学理念，向师生明示着做人、做事、做学问的道理。多年来，学校在校训宣传方面已经摸索总结了一套经验，如有步骤地利用报刊、广播、电视、网络、橱窗等校内外宣传媒体进行广泛的宣传，让全校师生和校友都不断深入了解校训的内容和内涵，并逐渐认同喜欢、自觉内化，不断弘扬。

同时，学校还通过校园环境的设计和建设，把校训内容物化为校园景观——知行校训碑成为交大毕业生母校留念照的必选之景；将校训写入学校宣传手册、招生简章、入学通知书、毕业纪念册或毕业证书，纳入新生入学和毕业教育环节等；与大学精神大讨论相结合，增加宣传广度和深度；注意典型示范的作用，寻找高校优秀校友、优秀师生，从先进人物和典型事迹中挖掘核心价值观的生动体现，彰显导向力量。校训传播在校园里形成了较为系统的传播途径，使学生自一入校就能够铭记校训，毕业后又带入社会、带入工作中，伴随和影响其一生。这些经验和做法通过融入社会主义价值观，为社会主义核心价值观的传播提供现实路径。

加强社会主义核心价值观教育，必须顺应形势，创新方法，充分整合现代一切教育手段，把社会主义价值观的核心内容具化到青年学生容易接受、乐于接受的具体实践活动中，才能使社会主义核心价值观潜移默化地为青年学生所接受。目前，最主要的问题是要找准社会主义核心价值观内涵与本校校训内涵的交叉点，找到宣传途径的共通点、切入点和大学生的兴趣点。总结校训传播规律，辅以成熟的传播手段，可以大量运用新媒体的文字、音视频，新媒体的传播理念和模式，引起年轻人的共鸣。

（本报记者靳晓燕整理）

（三）2014 年 8 月 26 日《新京报》以《校训高频词：团结勤奋求实创新》为题，对我校校训做了报道。

8 月 25 日，北京交通大学，一名学生在校训石碑旁读书。（《新京报》记者浦峰摄）

北京交通大学主楼思源楼北侧的小广场上，矗立着学校的校训石碑，上面刻着硕大的“知行”二字，大概是全国高校最简短的校训了。

虽然看似简单，但在该校党委副书记高福廷看来，“知行”两个字背后，蕴含着学校的育人理念。

1921 年就确定“知行”思想

1978 年，高福廷成为当时北方交通大学电子工程系电子计算技术专业的学生，在他的印象中，当时学校只有校风，没有校训。直到 2003 年，学校研究决定恢复使用“北京交通大学”校名后，决定重启“知行”这个老校训。

“知行”思想出自何处？高福廷说，据考证，可能出自北洋政府交通总长、交通大学老校长叶恭绰。1921 年 9 月 10 日，在交通大学北京分校开学典礼上，叶恭绰就希望交大师生，一要学术独立，不受外力支配；二要学以致用，贵在贡献；三要学术愈精，应用愈广。

强调动手能力　校友创业者多

“各个学校的特殊文化，造就了各自学生的不同特点，我们学校非常强调理论联系实际，学生实践动手能力强。”高福廷说，校友创业的很多，其中，新晋福布斯排行榜的中国首富李河君，就是其中的佼佼者。

他的同班同学，北京握奇数据系统有限公司执行总裁、北京市工商联副主席王幼君，毕业后分配到天津一个学校当老师，“但他很有追梦精神，几年后就开始创业，而且硕果累累。”高福廷说。

如今，北交大不仅有校训碑，还有“五之文化墙”用来诠释校训，校园里也常有各种以“知行杯”命名的校园比赛和活动，让学生一入校就能够铭记校训，毕业后又带入社会中，伴随和影响其一生。

广大北交大学子在工作中也践行着“知行合一”。如施工环境恶劣、条件艰苦、技术难度大，堪称世界之最的青藏铁路建设工程中，就有不少北交大师生贡献了自己的青春和智慧。

（《新京报》记者　黄　颖　许路阳　实习生　黄小丽　李　丹）

结语　致知力行——北京交大校训“知行”新诠释

近现代中国的大学制度是从西方移植来的，因此在学科设置、校园文化等方面均带有极强的西方文化色彩。受西方大学制度影响，中国的大学自开始就有校训，由于中华传统文化的深厚底蕴，近现代大学的校训同时也蕴含着浓郁的中国文化特色。校训作为大学文化与大学精神的体现，近年来越来越受到重视，关注校训、研究校训、弘扬校训成为当前大学校园文化建设的重要内容，是大学教育进步的重要标志。

现代大学的校训体现了国家发展高等教育事业的宗旨，因此在宏观意义上无非都是高校办学理念和教育目标的体现。但是从具体的操作层面上来讲，各大学办学特色不同，因此校训也呈现出百花齐放的个性化特色。然而，一个值得深思的问题是，现在不少学校的“校训”是有“校”无“训”，有“名”无“实”。

在当前诸多大学的机构设置中，几乎没有承担“训导”功能的部门，就连中学也不设训导处了。无论大学与中学，均以负责教学的教务处与负责学生思想政治管理的学生处（或政教处）来取代传统学校中的“训导处”。教师们普遍反映，现在的学生不好教不好管。原因就在于教育管理者与教师“训导”的权利不知何时被悄然剥夺了。这种片面强调学生个性发展与权利，甚至近乎纵容的做法所带来的问题实在堪忧。其实，这个“训”正是古代学校教育最擅长的道德教育。

校训作为历久而弥新的学校教育理念与校园文化，其源头可以追溯至先秦时代。伟大的教育家孔子对中国传统教育思想的形成做出了重大贡献。学术界普遍认为，中国古代的校训开端于南宋时期的《白鹿洞书院揭示》，正式形成于岳麓书院的院训“忠孝廉节”。《宋史》《明史》等史书中记载的“学校训导”，进一步凸显了中国古代校训的训导功能与教育理念。

受教育的目的不单单在于学习知识，还要将知识应用到实践中去，这些知识既包括学术理论与专业技术，还有做人的道理。学到的专业技术知识到社会上、企业中可以转化为生产力，学了做人的知识与道理到社会上、到单位里就是一个德行兼备、有责任有担当的人，两者缺一不可。无“知”哪有“行”，有“知”未必“行”。“知行合一”“致知力行”才是当今大学教育改革坚守之正途。而这个理念正是北京交通大学一直以来坚守的“知行”校训的文化传统。

从先秦到民国，都重视知行关系。虽然各家各派对知行的论述不一，但总体来说，都重视知行合一，知识转化为实践。古代儒家尤其擅长修己安人之道，赋予中华伦理道德文质彬彬的品格。文质彬彬就说人的内心想法与外在行为之间是统一的，也就是知行合一。如果外在的表现胜过内心的想法，就是过于文饰，过于矫情；如果内心的想法胜过外在的表现，或者超过了外在的表现，就是过于直率，甚至过于野蛮。无论从孔子所说的文质彬彬，还是王阳明的知行合一，都是在强调人应该坚守人的原则，人的底线，懂得做人的道理，遵守做人的规矩。所以说，古代的知行观主要论述的是如何做一个文质彬彬的君子。

孔子又说：“中庸其至德矣乎，民鲜能久矣。”意思是说，中庸很难做到。实际上好多人知道中庸的好处，也仰慕文质彬彬的君子，但由于个人的毅力，欲望的诱惑，在现实生活中很难坚守，很难做到“慎独”。《尚书》中的“非知之艰，行之惟艰”就是这个道理。王阳明之所以说“致良知”，讲“知行合一”，也是强调知便是行，行便是知，否则人就难说是一个人，其背后的忧虑也是“知易行难”。古人一般认为，懂得道理容易，但做起来难。这是符合一般认识规律的看法。

近代以来，知行观发了很大的变化。孙中山先生提出“知难行易”。他说，知很难，做起来容易。他用有满腔的革命热情，希望广大民众不要去研读什么理论，直接投身到革命事业中去。冯友兰先生分析了古代与近代两种知行观说：“古人说：知易行难，是道德方面的知行说；近人说知难行易是技术方面的知行说。道德方面的知行说，确是知易行难；技术方面的知行说，确是知难行易。”（冯友兰《论知行》）冯友兰就道德领域知行观的说法没有问题，但就技术来讲“知难行易”，可能还是有问题。如果“知难”，“知”而不全如何制作器物。这种看法，包括冯友兰先生、孙中山先生，恰恰是单纯地把“知”作为纯粹的知识论来看待，甚至是作为技术来看待。

中国古代知行观中的“知”不仅是一种知识，还包括道理。道理属于广义的知识。有些人没有读过书，但是经过一代代的文化传承也深谙为人处世的道理。南宋时期儒家的集大成者朱熹多次论知行关系。他说，如果我们去行，或者没有力行（尽力去行），没有笃行（持之以恒的行），那就是没有致知（没有把知搞透，没有全完弄明白）。其实，无论是做人还是做事，无非是一个“理”字。做人的道理，即使限于条件无法实现，但总归能“力行”，君子“无所不用其极”，尽力去做。做事的道理弄明白了，科学的原理分析透了，在制作器物时就容易了。但知行所强调的首先是做人，其次才是做事。

冯友兰先生的分析还是具有启示意义的。他从两个领域分析知行观，说明知行合一统合了道德与技术、科学与人文，做人的道德与做事的道理不可偏废。所以，我们可以说，北京交通大学的知行校训不只是继承古代优秀文化传统，还指向无限的未来。1923年，交通大学的开拓者基于对传统文化的继承，立足于现实科技报国、实业救国思想，提出“知行”两字作为校训，其用意正是统合道德与科技、科学与人文。民国时期，熔铸传统与近代，统合道德与科学的知行是成就交通大学事业辉煌的文化底蕴与精神动力。

知识的东西可以靠智力来获得，但道理就未必。如果只有知识可以转为实践，那必定是技术性、物性的，而不是道德的与人性的。我们今天研究知行，挖掘知行的内涵与价值，就是要把知行传统中的道德力量激发出来，而不是只凭借知识的标准来评价学生，要真正发挥道理之知，人文之知。而道理之知与人文之知，单凭引导是不够的，更要重建师道尊严。古人“师严然后道尊”，校训有训导的意义，才算是真正的校训。

北京交大、上海交大、西安交大、西南交大、新竹交大五所交大同根同源，或许是由于经历了太多的悲欢离合，又或许是后来办学之路的转向，今天的五所交大各有彰显大学文化的校训。但是，自 1923 年交通大学知行校训诞生之日起，知行蕴含的深厚思想底蕴就深深地根植于北京交通大学的文化血液中。把知识转化为应用，把道理转化为实践，学以致用，致知力行，尽己所能，止于至善，北京交通大学必将在“知行”照耀下，历久而弥新，为国家做出更大的贡献。

参考文献

［1］潘懋元. 多学科观点的高等教育研究［M］. 上海：上海教育出版社，2001.

［2］吴崇恕. 世界知名大学校训校标［M］. 武汉：湖北人民出版社，2003.

［3］王邦虎. 校园文化论［M］. 北京：人民教育出版社，1999.

［4］杨东平. 大学精神［M］. 沈阳：辽海出版社，1999.

［5］俞国良，王卫东，刘黎明. 学校文化新论［M］. 长沙：湖南教育出版社，1996.

［6］刘宝存. 大学理念的传统与变革［M］. 北京：教育科学出版社，2004.

［7］王爱成. 中外大学校训汇［M］. 北京：中国文化出版社，2009.

［8］王爱成. 著名大学校训释［M］. 北京：中国文化出版社，2010.

［9］张应强. 文化视野中的高等教育［M］. 南京：南京师范大学出版社，1999.

［10］布鲁贝克. 高等教育哲学［M］. 王承绪，等译. 3 版. 杭州：浙江教育出版社，2002.

［11］汪子为. 校园文化与创造力的培养［M］. 武汉：湖北教育出版社，2001.

［12］黎先耀. 校园漫步［M］. 北京：经济日报出版社，2001.

［13］孟宪承，孙培青. 中国文化教育文选［M］. 北京：人民教育出版社，2003.

［14］金耀基. 大学之理念［M］. 北京：生活·读书·新知三联书店，2001.

［15］阿什比. 科技发达时代的大学教育［M］. 滕大春，等译. 北京：人民教育出版社，1983.

［16］韩延明，徐愫芬. 大学校训论析［M］. 北京：人民教育出版社，2013.

［17］梁云福，向绍兰. 中华校训大观［M］. 北京：世界知识出版社，2014.

［18］教育部思想政治工作司. 百所高校校训·校徽·校歌汇编［M］. 北京：中国人民大学出版社，2014.

［19］李承先，徐辉. 大学校训与大学理念：兼论道德论大学理念［J］. 高等教育研究，2005（6）.

［20］周谷平，陶炳增. 近代中国大学校训：大学理念的追求［J］. 清华大学教育研究，2005（4）.

［21］王彩霞. 试探中国近代大学校训的起源［J］. 高教探索，2006（2）.

［22］庹红平，杜学元，李化树. 论大学校训［J］. 高等教育研究，2006（6）.

［23］蒋树声. 诚朴雄伟励学敦行：百年传统与南京大学校训［J］. 江苏高教，2002（4）.

［24］陈坚. 大学校训与百年传统的传承与弘扬［J］. 中国高等教育，2006（15）.

［25］钟晓雪. 从校训看大学教育的理念与精神追求［J］. 江苏高教，2003（6）.

［26］丁艳红，陈怡，郑惠坚. 大学校训的文化蕴涵及其功能［J］. 云南大学学报（社会科学版），2006（6）.

［27］陈桂生. “校训”研究［J］. 宁波大学学报（教育科学版），1998（2）.

［28］刘发生，谢小刚.论高校校训对大学精神形成的影响［J］. 江西师范大学学报（哲学社会科学版），2005（11）.

［29］陈延斌，刘瑞平. 论大学校训及其主题词的提炼［J］. 中国矿业大学学报（社会科学版），2006（6）.

［30］高天明. 校训与近代中国大学精神［J］. 黑龙江高教研究，2004（7）.

[31] 林为连，张国昌，许为民，等. 国内外知名高校校训评析 [J]. 浙江大学学报（人文社会科学版），2005（11）.
[32] 秦磊. 论校训与凝练大学精神 [J]. 现代教育科学，2005（5）.
[33] 谢美航. 大学校训功能及其构建研究 [J]. 湘潭师范学院学报（社会科学版），2004（3）.
[34] 杨鲜兰. 论大学精神的培育 [J]. 高等教育研究，2004（2）.
[35] 孙喜亭. 弘扬与培育民族精神是大学教育的重要使命 [J]. 高等教育研究，2003（3）.
[36] 杨卫军. 浅析中国高校校训现状与成因 [J]. 江西教育科研，2007（6）.
[37] 宁显福. 大学校训精神意蕴新论 [J]. 理工高教研究，2008（2）.
[38] 武筑生. 凝结文化精髓彰显教育精神：教育新格局下大学校训的历史承载 [J]. 学校党建与思想教育，2009（27）.
[39] 何雪莲. 大学校训：一个无涉时代的场域 [J]. 中国地质大学学报（社会科学版），2009（4）.
[40] 侯杰昌. 自强之魂弘毅之志求是之风拓新之的：从校训谈武汉大学的办学理念 [J]. 中国高教研究，2002（5）.
[41] 吴星义. 竺可桢与浙江大学的“求是”校训 [J]. 浙江大学学报（人文社会科学版），2001（4）.
[42] 王肃元. 论中国大学文化与大学精神：兼析甘肃政法学院新校训“崇德明法，弘毅致公”[J]. 甘肃政法学院学报，2004（4）.
[43] 李中伟.“校训”论稿 [J]. 当代教育论坛，2004（8）.
[44] 张若男. 从大学精神中透视大学校园文化建设 [J]. 辽宁教育研究，2006（11）.
[45] 范亚菲. 以人为本：校园文化育人功能研究 [J]. 黑龙江高教研究，2006（10）.

［46］彭方第. 浅谈校训［J］. 理论导刊，2003（11）.

［47］赵金昭. 略论高等院校的校训［J］. 洛阳大学学报，2003（1）.

［48］滕秀平. 校训的雷同与创新［J］. 教学与管理，2007（7）.

［49］刘根正. 高校校训：校园文化建设的明珠［J］. 上海高教研究，1997（8）.

［50］杨春茂. 校训与师德［J］. 中国高等教育，2001（6）.

［51］王刚. 辽宁省23所大学校训内容分析［J］. 现代教育管理，2009（8）.

［52］杨卫军，谭君. 试论大学校训的文化内涵及其特性［J］. 中国市场，2007（39）.

［53］严妍. 养天地正气法古今完人：从苏州大学校训看中国传统思想文化的现代传承［J］. 河北青年管理干部学院学报，2011（6）.

［54］王刚. 关于大学校训本质的探讨［J］. 高校教育管理，2011（3）.

［55］侯怀银，周涛. 谈大学校训的特征和功能［J］. 中国高等教育，2007（22）.

［56］王彩霞. 二十世纪中国学校校训研究［D］. 上海：华东师范大学，2007.

后　记

诞生于救亡图存之际的交通大学作为中国近代铁路管理、电信人才培养的摇篮，开创了中国近代高等教育的先河。1921 年组建的交通大学，后来分为三兄弟，再后来分为五兄弟。今天，五所交通大学协力共进，凝心聚力打造国家级交通大学名片。2016 年 9 月，北京交通大学与上海交通大学、西安交通大学、西南交通大学、新竹交通大学五所交通大学携手迎来 120 周年校庆，这本书就作为献给 120 周年校庆的一份礼物吧！

从 1923 年交通大学校长叶恭绰治校时期始以“知行”为校训，再到 2003 年北京交通大学重新启用“知行”校训，知行所寄予的致知力行与止于至善的精神一直伴随着北京交通大学的发展与进步。其实，不止北京交通大学，新竹交通大学的校训亦有“致知力行”的表述。2013 年，北京交通大学校园文化建设领导小组设立第一批校园文化研究课题，把校训研究列为重点。由人文学院、党委宣传部、经管学院部分教师与研究人员组成的校训研究课题组承担了该项任务。呈现在读者面前的这部小书就是校训研究的成果。具体分工如下：

孔德立负责项目总体进展，编制计划，撰写提纲，承担第一章、第六章、结语的撰写。周耿负责第二章，李世珍负责第三章，张安梅负责第四章、第五章，袁芳负责第七章的撰写。课题组成员通力合作，合力攻关，该项目成果是集体智慧的结晶。此外，人文学院研究生付臻等同学在前期资料收集方面亦付出了诸多努力。

项目从立项、中期检查到结项，离不开学校校园文化建设领导小组与党委宣传部领导的关怀，离不开学校老领导、校史、校训专家的指导与帮助，学校办公室、档案馆、校史馆、图书馆等单位也给予了大量协助，在此，我们对为本项目完成与出版付出辛勤劳动的领导、专家、研究者与协助者表示衷心的感谢！

由于史料的缺失，我们的能力亦有限，本书尚有需要修正与提高之处，恳请各位读者提出宝贵意见！

孔德立

2016年6月15日